Orixás e Fé Cristã

**Candomblé e Cristianismo:
um diálogo possível?**

"*Uma boa memória é aquela que representa, para o candomblé, a criação de laços inquebrantáveis de amizades construídas e a capacidade de contar histórias da vida que dão orgulho e satisfação de serem compartilhadas. Fazer amigos e contar histórias, algo que os filhos de Oxóssi sempre buscam*"
(João Luiz Carneiro – Odetokunbó).

"*A humildade, como expressão da espiritualidade bíblica, é estar radicalmente envolvido nos processos políticos libertadores, todavia com um sentimento de 'servo inútil' e pecador. Trabalhar pela paz, por exemplo, é não fazer da luta o fim último, compreendendo-a apenas como meio provisório sem construir uma mística da luta, e sim da justiça, da paz e da reconciliação*"
(Claudio de Oliveira Ribeiro).

Orixás e Fé Cristã

**Candomblé e Cristianismo:
um diálogo possível?**

Claudio Ribeiro
João Tokunbó Carneiro

1ª edição / Porto Alegre-RS / 2025

Capa e projeto gráfico: Marco Cena
Revisão: Gaia Revisão Textual
Produção editorial: Bruna Dali e Maitê Cena
Assessoramento gráfico: André Luis Alt

R484o

Ribeiro, Claudio

    Orixás e a fé cristã - candomblé e cristianismo : um diálogo possível?
/ Claudio Ribeiro ; João Tokumbó Carneiro. – 1. ed. – Porto Alegre :
BesouroBox, 2025.
176 p. ; 21 cm.

    ISBN 978-85-5527-161-8

    1. Orixás. 2. Candomblé. 3. Cultos afro-brasileiros.
I. Carneiro, João Tokumbó. II. Título.

CDD 23. ed. 299.6

Cip – Catalogação na Publicação
Tamara da Rosa Silva CRB-10/2812

Direitos de Publicação: © 2024 Edições BesouroBox Ltda.
Copyright © Claudio Ribeiro e João Tokumbó Carneiro, 2025.

Todos os direitos desta edição reservados à
Edições BesouroBox Ltda.
Rua Brito Peixoto, 224 - CEP: 91030-400
Passo D'Areia - Porto Alegre - RS
Fone: (51) 3337.5620
www.legiaopublicacoes.com.br

Impresso no Brasil
Fevereiro de 2025.

Sumário

Prefácio: A cabeça de uma pessoa faz dela um rei..........7

Norberto Peixoto

Apresentação - Espiritualidade do encontro:
diálogos entre candomblé e cristianismo........... 11

ENCONTRO COM A VIDA E COM A FÉ........... 15

O legado do candomblé........... 17

O legado da tradição cristã........... 29

ENCONTRO COM O OUTRO...........41

Alteridade vista na perspectiva cristã........... 43

Alteridade na perspectiva do candomblé........... 55

ENCONTRO DO SER HUMANO CONSIGO MESMO...... 65

Reflexões a partir do candomblé........... 67

Reflexões a partir da fé cristã........... 75

ENCONTRO COM A NATUREZA E COM A HISTÓRIA 83

A visão cristã 85

A visão do candomblé 100

ENCONTRO COM O CORPO 113

Na tradição do candomblé...........................115

Na tradição cristã..123

ENCONTRO DIVINO-HUMANO 131

A perspectiva cristã.......................................133

A perspectiva do candomblé........................145

Por uma teologia pluralista e do amor...................161

Referências 173

"Orí eni ní um'ni j'oba"
A cabeça de uma pessoa faz dela um rei.

Provérbio Yorubá

Ori significa cabeça e o que pensamos pode fazer de nós um mendigo ou um rei. Muito além do aspecto físico, Ori tem profunda significação espiritual, pois em essência é o que há de mais divino em cada ser humano. Quanto mais autoconscientes e conscientes dos outros, mais seremos reis, mais teremos mestria na vida. Falar em espiritualidade sem encontrar a nós mesmos no outro e os outros em nós mesmos, no plano natural e sobrenatural, é carecer da experiência do encontro, fonte genuína de vivência espiritual sadia e madura.

O encontro humano-divino em sua diversidade de manifestações, tecendo pontes de diálogos, de sínteses e convergências, buscando a igualdade por trás das diferenças, percebendo a unidade oculta por trás de todas as formas aparentes, é promotor de autorrealização individual e coletiva. Pacifica os corações sedentos de Deus, gera paz onde há guerras, pois toda "guerra" começa dentro de cada homem ou mulher distante do Divino. Será uma utopia? Ou vivemos na distopia, uma sociedade imaginária, controlada de forma opressiva, inclusive por algumas religiões que destroem nações de outra religião em nome de Deus, onde as condições básicas de vida são quase insustentáveis e que podem levar a natureza planetária ao exaurimento por uma hecatombe nuclear?

A proposta dos autores de uma espiritualidade do encontro, um diálogo interfé afro-evangélico, é disruptiva e muito necessária no contexto atual, pois precisamos provocar ou causar disrupção, ou seja, o rompimento ou quebra do curso normal de processos mentais dogmáticos, separatistas e sentenciosos, infelizmente, que ainda vicejam numa sociedade que pouco dialoga com o diferente, notadamente no campo religioso.

Resgatar Jesus primevo que vivia ensinando em pequenas comunidades gnósticas – buscavam a experiência direta com Deus –, estabelecendo pontos de convergência com a filosofia e visão de mundo do Candomblé, da importância central das comunidades, do um pelo Todo e do todo pelo Um, em um mesmo espaço sagrado que comunga no corpo de cada adepto com a divindade, é partirmos de uma pressuposição imersiva e necessária: a espiritualidade necessita ser algo que transpasse toda a vida humana e cósmica, que perpasse toda e qualquer reflexão teológica particularizada ou uma única teologia. Ou seja, a espiritualidade não pode ser algo estanque e à parte do Todo Cósmico. Partindo desta premissa, espiritualidade é abarcante, dialógica, inclusiva e respeitosa com as diferentes confissões religiosas.

Uma espiritualidade autêntica e profunda não deve estar dissociada da alteridade. Possibilitar o relacionamento entre realidades aparentemente diferentes, grupos e pessoas que não pensam como pensamos, é elemento central em uma consciência madura e resiliente.

Como podemos amar a Deus, se não vemos e não amamos o próximo e o Deus que o insemina, o vitaliza e possibilidade que seja humano? Se eu mesmo sou tão humano quanto todos os outros humanos, embora orgulhosamente muitos se sintam superiores. Como entrar em comunhão com os Orixás se não vejo no outro o Orixá que o habita? A lógica do amor e da alteridade rompe os muros das denominações religiosas e nos aproxima da Consciência Suprema – o inominável que tem muitos nomes – que é o núcleo estruturante e mantenedor dos universos infinitos, na constante circularidade da criação divina.

O diálogo interfé, tal como o proposto, é um convite para a união nas diferenças, um chamado a Yoga – comunhão – baseados em dois princípios: a ética do amor e a teologia pluralista. A isso nos convida o Cristo. A isso nos convida Oxalá!

Sinto-me honrado em prefaciar esta pequena grande obra, ao qual li, reli e recomendo!

Venham muitos outros diálogos interfé na "pegada" da espiritualidade do encontro. Dialoguemos para nos encontrarmos!

Hosanas aos autores!

Axé, Saravá, Amém!

Norberto Peixoto
Porto Alegre, dia 7 de dezembro de 2024.

Apresentação
Espiritualidade do encontro: diálogos entre candomblé e cristianismo

"Conhecer as manhas e as manhãs,
o sabor das massas e das maçãs.
É preciso amor para poder pulsar.
É preciso paz pra poder sorrir
É preciso chuva para florir"
(Tocando em frente, Renato Teixeira).

"Àlà à ó àlà orò àlà eèpàà bàbá
Àlà ó àlà orò àlà eèpàà bàbá[1]
O branco impoluto do Pai cobre a todos
e dessa forma os louva como tal".

"O Reino de Deus é semelhante ao fermento
que uma mulher tomou e escondeu em três
medidas de farinha, até tudo ficar levedado"
(Lucas 13,21).

---

1 Em uma tradução literal: "O pano branco, o pano branco é sagrado, o pano branco vos saúda, pai" (Oliveira, 2012, p. 165).

Em uma sociedade brasileira cada vez mais marcada pela diversidade religiosa, ao mesmo tempo que possui a maior quantidade de adeptos oriundos do pensamento cristão, conforme dados do último Censo do IBGE, um pastor evangélico e um ebomi do candomblé se reúnem para um diálogo que, aparentemente, pode soar estranho e um tanto inovador. Este livro, fruto dessas conversas, explora temas comuns a ambas as religiões, como fé, espiritualidade, comunidade e a relação com o divino, com base em suas perspectivas e experiências específicas. Se por um lado são perspectivas diferentes, por outro são saberes produzidos por seres humanos, e isso (n)os une.

O pastor, com sua formação teológica, comunitária e bíblica, e o ebomi, iniciado como sacerdote, ou, como normalmente denominado, "pai de santo", com sua vivência ancestral, teológica e conhecimento do candomblé, se propõem a lançar luz sobre as convergências e divergências entre suas crenças, buscando a compreensão mútua e, sobretudo, o respeito pela diferença.

A proposta de aproximar duas religiões historicamente separadas no Brasil, e muitas vezes em conflito, é um passo espontâneo e despretensioso, porém necessário para a construção de uma sociedade mais justa e dialogal. Este livro se torna, assim, um convite à reflexão sobre a importância do diálogo inter-religioso e da convivência pacífica e justa entre diferentes crenças. Um mergulho profundo na fé, que busca explorar as convergências e divergências entre o cristianismo e o candomblé, é um bom caminho para testar essas intenções. Sendo assim, esta obra, fruto de um diálogo entre estes dois personagens já citados, um pastor e um pai de santo, se propõe a realizar uma imersão profunda em temas como fé, espiritualidade, comunidade e a relação com o divino, a partir das perspectivas do cristianismo e do candomblé.

A obra, inicialmente, apresenta o contexto da diversidade religiosa no Brasil e a importância do diálogo inter-religioso para a construção de uma sociedade mais justa e democrática. Em seguida, explora o conceito de fé em ambas as religiões, destacando as diferenças e semelhanças entre a fé cristã e a fé no candomblé. Além disso, dedica um capítulo à espiritualidade, abordando a relação do indivíduo com o sagrado e a busca por sentido na vida, com vistas a explorar as diferentes formas de expressão da espiritualidade em ambas as religiões, como a oração, os rituais, a música e a dança. Lembrando que a religião tem corpo e cuida do corpo dos seus praticantes e simpatizantes.

Outro tema central da obra é a comunidade. O pastor e o pai de santo discutem aqui o papel da comunidade na vida religiosa, tanto no cristianismo quanto no candomblé, e como ela pode ser um espaço de acolhimento, apoio e crescimento espiritual. Por fim, o livro se debruça sobre a relação com o divino nessas religiões, explorando as diferentes concepções de deus e dos orixás. Ao evocar esse tema, busca discutir a relação entre o humano e o divino, a busca por conexão com o sagrado e a experiência religiosa.

Considerando suas experiências e seus conhecimentos específicos, os autores visam construir uma ponte entre o cristianismo e o candomblé, revelando as riquezas e belezas de cada tradição religiosa. O diálogo entre o pastor e o pai de santo exposto aqui é um exemplo de como a diferença pode ser um espaço de encontro e aprendizado mútuo. Este livro tenta ser também um convite à tolerância e ao respeito pela diversidade religiosa. Em um mundo cada vez mais polarizado, é essencial buscar a compreensão e o diálogo entre diferentes crenças e culturas. O pastor e o pai de santo, com sua amizade e respeito mútuos, demonstram que é possível conviver em paz e harmonia, principalmente diante das diferenças religiosas.

Tenha uma boa leitura!

ENCONTRO
com a vida e com a fé

O legado do candomblé

> "*Ó dánón dánón ti sè eron ode*
> *Gìrì-gìrì lóòde ode ní ó¹*
> *O caçador acendeu o fogo para cozinhar a caça*
> *e com seus pés se fez passar por mil homens*
> *para que ninguém a roubasse.*
> *O caçador protegeu a caça e*
> *com o fogo proveu a todos em seu redor.*"

A teologia do candomblé é algo antigo no cenário acadêmico, mas nunca constituiu uma disciplina própria nele. Ao mesmo tempo, suas fontes religiosas remontam às primeiras manifestações da religiosidade humana encontrada em sítios arqueológicos no continente africano, sobrevivendo até os dias atuais por conta da força da sua tradição religiosa de predominância oral (Carneiro, 2017). Um aspecto teológico central dessa religião jeje-nagô é como ela encara

---

1 Em uma tradução literal: "Ele acendeu um fogo para cozinhar sua caça, O caçador que faz barulho de pés de inúmeras pessoas. Ao redor, é ele o caçador" (Oliveira, 2012, p. 45).

a dinâmica da vida. Ao falar do candomblé, é importante pontuar que ele possui algumas variantes, podendo ser compreendido em três principais conjuntos:

- angola – que cultua seus deuses e deusas como Inquices (Barros, 2007);

- jeje – que tem os Vodum como referência (Carvalho, 1984);

- queto (ou nagô) – que cultua os orixás (Braga, 1997).

Considerando a experiência religiosa do autor candomblecista desta obra, serão discutidos os conceitos na perspectiva predominantemente queto, com influências jeje, daí a expressão jeje-nagô.

A vida para o candomblé é cíclica, portanto, afasta a ideia fixa de início, meio e fim de outras perspectivas religiosas. Ao observar os ciclos e ritmos da vida, não existe um menosprezo do que pode e deve ser feito no hoje, no aqui e no agora. Assim como é possível viver um dia intensamente, mesmo sabendo que virão outros dias (algo cíclico), também é possível viver com máxima atenção à presente existência (encarnação) sabendo que existirão outras oportunidades de retorno para a sociedade (reencarnação).

Logo, o ser humano não tem apenas um nascimento, mas vários. Ele nasce, desenvolve sua vida por variados estágios e morre neste plano para ressurgir no mundo sobrenatural. Se morrer na condição terrena, vai embora do mundo natural, conhecido pelo termo iorubá aiê, e renasce no orum, onde seguirá outros desafios no mundo dos mortos. No candomblé, é comum falar do mundo dos vivos (aiê) para os mais vivos (orum)...

Sendo assim, é possível considerar que a vida é dada pela noção de memória desse trajeto. Viver é uma questão de guardar e experimentar a memória individual e coletiva. É importante ressaltar que essa memória não é tocada necessariamente de forma consciente pelo indivíduo, pois a maioria das pessoas que pratica o candomblé não possui uma recordação das suas vidas passadas. A questão não está apenas em como o cérebro, com suas sinapses, armazena as lembranças, e sim em como o espírito absorve as experiências anteriores e as reflete em suas ações cotidianas. Para o candomblé, quanto mais vivos, mais memória se constrói. Por essa razão, estar vivo ou morto no contexto biológico é importante, mas não se basta. Na tradição europeia, é possível estabelecer algumas pontes de diálogo com essa ideia.

A memória, apesar de ser frequentemente considerada falha e ilusória, pode ser moldada e aprimorada, assemelhando-se a um produto da imaginação. Essa ideia, explorada no *Manifesto Surrealista* (Breton, 1924), destaca a importância de uma "memória educável", um conceito que evoluiu das antigas Artes da Memória e que propõe que podemos treinar e desenvolver nossa capacidade de lembrar, aproximando-nos da compreensão dos sonhos. Afinal, se a memória é maleável e pode ser influenciada pela imaginação, talvez possamos usá-la de forma mais eficaz para acessar o mundo onírico e desvendar seus mistérios (Le Goff, 1992, p. 427).

A memória não é uma simples recordação gravada pela mente. Ela constrói a história do indivíduo e influencia suas engrenagens psíquicas e afetivas, contribuindo, assim, para a constituição do ser humano, moldando o que ele é e como age no mundo, ao mesmo tempo em que estimula o que está por vir. A memória também é poderosa por transitar entre as dimensões humanas do consciente e inconsciente.

O pensamento do candomblé pode ser aplicado às várias questões que a maioria das religiões procura responder. Como método próprio, suas possibilidades de resposta estão na vivência dos fundamentos dentro do terreiro, que é o nome dado ao templo religioso onde se pratica o candomblé, também chamado de roça, barracão, entre outros nomes. Isso se dá, primordialmente, pelas mãos da sua ialorixá ou babalorixá, que do iorubá são, respectivamente, "mãe" e "pai de santo", sacerdotisa e sacerdote das religiões afro-brasileiras, notadamente do candomblé jeje-nagô.

Além disso, há outras fontes de consulta a essa sabedoria, como, por exemplo, os mitos que contam as histórias do mundo (memórias coletivas ancestrais). Essas histórias estão preservadas nos itanifá[2], historietas do orixá Orunmilá, deus do destino dos seres humanos. Entre estas, podemos destacar a da origem do ser humano no planeta Terra e, em especial, de seu corpo físico por uma poderosa matriarca, o orixá Nanã:

Nanã fornece a lama para a modelagem do homem
Dizem que quando Olorum encarregou Oxalá
de fazer o mundo e modelar o ser humano,
o orixá tentou vários caminhos.
Tentou fazer o homem de ar, como ele.

---

2 *Itan* vem da língua iorubá e diz respeito "aos contos, lendas e histórias diversas, de caráter extraordinário e sagrado, normalmente associadas ao tempo das origens, que, uma vez transmitidas nas comunidades de matriz iorubá, ocupam-se da tarefa de disseminar conhecimentos, valores e princípios éticos às gerações. *Ifá*, por sua vez, é um dos títulos atribuídos a Orunmilá, divindade iorubá de elevada sabedoria responsável pela criação do sistema oracular (divinatório) de mesmo nome, o *Ifá*. Em síntese, os itanifá são as histórias de Ifá" (Batista; Reis; Brito, 2018, p. 4-5).

Não deu certo, pois o homem logo se desvaneceu.
Tentou fazer de pau, mas a criatura ficou dura.
De pedra ainda a tentativa foi pior.
Fez de fogo e o homem se consumiu.
Tentou azeite, água e até vinho-de-palma, e nada.
Foi então que Nanã Burucu veio em seu socorro.
Apontou para o fundo do lago com seu ibiri, seu cetro e arma,
e de lá retirou uma porção de lama.
Nanã deu a porção de lama para Oxalá,
o barro do fundo da lagoa onde morava ela,
a lama sob as águas, que é Nanã.
Oxalá criou o homem, o modelou no barro.
Com o sopro de Olorum ele caminhou.
Com a ajuda dos orixás povoou a Terra.
Mas tem um dia que o homem morre
e seu corpo tem que retornar à terra,
voltar à natureza de Nanã Burucu.
Nanã deu a matéria no começo,
mas quer de volta no final tudo o que é seu
(Prandi, 2001, p. 196).

Sobre os orixás citados, vale ressaltar que Nanã é uma deusa considerada fun fun[3], "a mãe de todas as mães, a velha mãe ancestral... Não é por menos que essa sábia é genitora divina de muitos deuses" (Carneiro, 2017, p. 73). Oxalá também é um deus da criação (fun fun). Seu nome, derivado do iorubá *Orinxalá*, significa "o grande orixá" (Carneiro, 2017, p. 84). Olorum, citado no mito, faz referência ao deus supremo. Ainda que o candomblé jeje-nagô creia na existência de vários deuses e deusas, essa tradição admite um deus superior a todos e todas chamado Olodumare ou Olorum.

---

3 Orixás responsáveis pela criação do planeta e de todos os seres viventes.

Como todo mito, existem muitos ângulos de interpretação possíveis para compreender o significado e profundidade dele. No contexto aqui apresentado, pode-se dizer que, para chegar à criação do ser humano tal como é conhecido, ocorreram muitas experiências, muitas probabilidades que não deram certo.

A lama surge do encontro entre a terra e a água, o que é muito simbólico para o candomblé, sendo a origem de diversas formas de rituais praticados até os dias de hoje. A lama tem a flexibilidade necessária para que o indivíduo possa se adequar às adversidades da vida, ao mesmo tempo que tem a memória do "corpo" que registra e conserva os caracteres adquiridos. Dito de outra forma, o ser humano moldado pela lama representa o veículo de manifestação no aiê ideal para receber as marcas da memória em seu destino que será trilhado.

O fato de Nanã exigir a matéria que emprestou para fazer o corpo dos indivíduos explica, mitologicamente, o fenômeno da morte e o porquê de os iniciados e iniciadas não poderem ser cremados ou enterrados em cemitérios verticais. Estes devem passar por uma série de rituais fúnebres e precisam devolver seu corpo para a terra, ou seja, devolver o que pertence a Nanã. O axexê, por exemplo, é um ritual afro-brasileiro fúnebre da tradição jeje-nagô importante para os iniciados e iniciadas do candomblé no momento da morte do corpo físico. Sua origem remonta às terras africanas, onde eram realizados rituais em honra ao corpo e à memória do caçador da comunidade quando ele morria.

O ritual realizado na África em homenagem ao caçador era chamado de *Àjèjé* (Abraham, 1962, p.38). Naquela ocasião, ele era realizado reunindo seus símbolos e instrumentos de caça a um antílope ou outro animal de caça com quatro patas sacrificado ritualmente (Prandi, 1999). Uma parte desse animal era servida como comida, e a outra parte era oferecida ao espírito do caçador nas matas, juntamente com seus símbolos e instrumentos de caça (Abraham, 1962). A relevância do axexê para o candomblé é tão significativa que, conforme observa Juana Elbein dos Santos (2002, p. 235), ele representa não apenas o início de tudo, mas também a própria essência da existência. Segundo a autora, o axexê (*Àsèsè*, conforme citado por ela) é entendido como a origem, ao passo que também simboliza a passagem do ser individual no mundo material, o aiê, para seu correspondente espiritual no mundo dos ancestrais, o orum, que é o egun. Essa conexão profunda evidencia a importância desse ritual na cosmovisão do candomblé, onde o ciclo da vida e da morte se entrelaçam de maneira indissociável.

Considerada a importância ritual da morte, cabe ressaltar que esse mito de Nanã, ao exigir sua lama de volta, também representa a possibilidade de um novo início quando aquele espírito encarnar novamente, pois tomará dela outra porção de lama, dando início, assim, a uma outra caminhada: um verdadeiro reinício.

Se foi possível compreender o ciclo do corpo do espírito, para onde vai o espírito em si? Um dos maiores receios do religioso dessa tradição é retornar à massa indiferenciada, ao eterno vazio que representa o branco de Oxalá. Nele não há individualidade com o conhecemos, não há noção de existência como percebemos, o ser está "diluído" no pano branco desse orixá.

Qual seria a saída, então? Retornar o quanto antes ao mundo físico, ao aiê. Isso ocorre por desejo dos orixás e vontade dos seres que estão encarnados em ter seu ancestral de volta. Como viabilizar isso? Pela memória... Quanto mais cultuado for o ancestral, mais possibilidades de retorno ele tem. O ancestral não é esquecido, logo, ele tem meios de voltar a pegar a lama de Nanã, ser moldado por Oxalá e receber o sopro de Olorum, tão bem simbolizado no choro da criança ao nascer, ao fazer seus pulmões funcionarem pela primeira vez depois que o cordão umbilical é cortado.

O ofó, o sopro divino, deu a vida e à luz ao ancestral que retornou, e agora ele tem uma nova identidade, que será alicerçada nos anos seguintes, mas que manifestará suas características oriundas de seus antepassados. Como se diz no linguajar do santo, "sangue do meu sangue, osso do meu osso". Assim, temos um ciclo virtuoso, ou seja, uma associação e relação direta. Quanto mais lembrado, mais memória agregada. Quanto mais memória, mais caminhos abertos para estar sempre na Terra ao lado dos seus. Quanto mais vidas na Terra, mais probabilidade de ser lembrado. E assim se processa a vida.

Um ponto que ficou implícito, mas que precisa emergir, é como se tornar um ancestral ilustre, para ser cultuado, portanto, rememorado. Seus feitos pela coletividade, suas contribuições ativas e efetivas que gerem bens duradouros para a comunidade o tornam uma personalidade memorável. Tal cosmovisão implica em uma ação efetiva que não despreza a vida em comunidade, e sim, ao contrário, dá a ela realce e relevância. Uma série de conceitos ficam "em xeque" nessa perspectiva, uma vez que não basta agradar e atender ao seu ego. A certeza de um destino de fartura espiritual está diretamente ligada às contribuições em maior escala possível a todos e todas que estão a sua volta.

Nesse exato instante, nasce a fé como instituto que salvaguarda a perenidade da tradição milenar aqui e agora. Isso começa pela crença no sagrado, assumindo suas múltiplas divindades, as diversas faces de deus. São deuses e deusas que possibilitam uma existência calcada na construção coletiva. O "eu" só é possível pela união anterior do nós. Aqui não se fala de uma questão meramente biológica, de zigoto e óvulo, e sim de sociedade, de vida comunitária. Se os pais dão origem ao filho no sentido orgânico, o orixá dá a vida no sentido espiritual. A comunidade oferta a vida social. O pai ou mãe de santo possibilitam o nascimento do abiã – indivíduo que não fora iniciado no candomblé, mas recebeu o consentimento de iniciar a convivência com a comunidade de santo dentro do terreiro – para ser iaô (Jorge, 2018). Esse é um processo iniciático radical que autoriza o adepto a manifestar seu orixá individual.

Existem outras formas de se fazer iniciação, como, por exemplo, transformando o filho ou filha de santo em ogã, responsável por chamar os orixás tocando os atabaques, ou em equede, encarregado de assessorar todos os rituais, entre outras funções. Os iniciados recebem as honras de exercer essas funções, que são chamadas, internamente, de oiê (cargos).

A fé também precisa ser exercitada, na expectativa de que existe vida após a morte do corpo físico. Como já comentado, a vida além da vida. A vida não para. A personalidade morre, o corpo se desfaz. A vida persiste na ótica espiritual. Ainda assim, não é suficiente. O membro do candomblé precisa depositar a fé também em sua comunidade, seja familiar ou espiritual. A certeza de que a comunidade perpetuará é imprescindível para que ele ou ela tenham chances reais de retorno ao aiê. Além disso, o adepto tem que ter fé na misericórdia e gratidão de seu povo.

Trata-se de crer que esse ato de amor possa ser concretizado e expresso por meio de orações, rezas, danças, músicas e outros ritos devocionais, que permitirão que essa memória percorra todos os espaços dos nove orum, em busca da alma que, um dia, deu vida ao corpo que gerou as benesses para seu povo. A título de curiosidade, na teologia do candomblé, acredita-se na existência de nove espaços sagrados onde habitam todos os seres, sendo o aiê um deles. Dessa forma, afasta-se uma visão dicotômica de mundo, entendendo-se que o aiê (mundo natural) é uma das manifestações do orum (mundo sobrenatural).

A chave da vida no candomblé é o amor adimensional e atemporal! O amor que irrompe o ser, que dá sentido à linguagem entre os espíritos. Essa é a real motivação de querer viver sempre e cada vez mais na Terra, no aiê.

O mito carrega a força e valência ancestral da sabedoria africana, e o candomblé jeje-nagô se transformou em um fiel depositário dessa tradição. As músicas cantadas no idioma iorubá apresentam enredos, pequenos fragmentos dessa vida cíclica. São como orações cantadas, tal e qual os mantras conhecidos de tradições orientais, e não seguem a estrutura lógica de um louvor protestante, por exemplo, com início, meio e fim. As músicas são cíclicas como a vida e podem ser entoadas por muito tempo dentro do ritual de acordo com a necessidade.

No início deste capítulo, foi apresentado um desses cânticos, conhecido como oriqui, uma palavra iorubá que significa pequeno trecho de um verso. São expressões específicas dos itanifá entoados com ritmos e melodias próprias. Elas têm duas traduções: uma literal, feita por Altair Oliveira (2012), e outra oferecida de forma sucinta, para uma tradução mais incorporada dos valores religiosos do candomblé praticado no Brasil.

Esse oriqui versa sobre Oxóssi, o deus da caça africano. "Oxóssi pode ser traduzido do iorubá como feiticeiro da esquerda ou guardião (caçador) do povo. Os mitos relacionados a esse orixá retratam-no como grande provedor e protetor da sua família" (Carneiro, 2017, p. 45). Trata-se do orixá que representa a própria tradição queto, portanto, o porta-voz mítico e divino da memória coletiva dessa religião afro-brasileira. Mais do que isso, o oriqui apresenta uma qualidade de Oxóssi específica chamada Dana-Dana.

Apesar de existirem muitos deuses e deusas, uma vez que estão catalogados milhares de orixás desde o solo africano, o candomblé Jeje-nagô cultua tradicionalmente dezesseis. Ocorre que os mitos apresentam histórias, enredos entre eles. Cada enredo dessa forma uma qualidade específica. Os iaô são feitos pela mãe ou pai de santo de acordo com essas qualidades. Utilizando o exemplo de Oxóssi, é possível afirmar que um iaô é feito para Oxóssi Dana-Dana, outro para Oxóssi Arolé e, assim, sucessivamente.

Nesse sentido, um ângulo possível, além do literal, remete ao fato de que o caçador (Oxóssi) conseguiu caçar e estava preparando a comida, acendendo o fogo para cozinhá-la. No intuito de evitar que alguém roubasse o alimento que estava sendo preparado, batia com seus pés no chão para passar a impressão de que ele não estava sozinho, mas acompanhado por muitos da sua comunidade. Dessa forma, o caçador conseguiu proteger a caça e ofertar o alimento para todos ao seu redor.

Contudo, sob a luz da vida e da fé, o oriqui pode ser traduzido como o ato de Oxóssi "caçar" boas memórias. Uma boa memória é aquela que representa, para o candomblé, a criação de laços inquebrantáveis de amizades construídas e a capacidade de contar histórias da vida que dão orgulho e satisfação de serem compartilhadas. Fazer amigos e contar histórias, algo que os filhos de Oxóssi sempre buscam. Essas boas memórias precisam ser preparadas, e daí vem o ato simbólico do cozimento. Esse alimento não pode ser retirado antes da hora, assim como a amizade demora tempos para ser consolidada. Diante desse cenário, o caçador (Oxóssi) evoca ancestralmente sua família pisando no chão, simulando o som de sua comunidade caminhando ao seu lado. Aqui é possível observar uma forte alusão ao senso de coletividade, o que dá força ao espírito.

Com a proteção da comunidade e com o cuidado em preparar a caça (boas memórias), ele pode alimentar os seus, retornar ao aiê e permitir que seus ancestrais também retornem por meio de sua família. Assim, o ciclo da vida se desenvolve, com alegria e realização de viver bem todos os instantes e cada situação do destino. Com boas histórias para contar a um grande número de amigos, o ser espiritual promove um verdadeiro encontro com a vida e com a fé.

O legado da tradição cristã

> *"O Reino de Deus é semelhante*
> *a um tesouro oculto no campo,*
> *o qual certo homem, tendo-o achado, escondeu.*
> *E transbordante de alegria, vai, vende tudo*
> *o que tem e compra aquele campo"*
> *(Mateus 13, 44).*

O casamento entre a espiritualidade bíblica e a teologia foi historicamente marcado mais por dissabores e conflitos do que por uma aproximação harmoniosa. A primeira – a espiritualidade, sempre mais livre e espontânea, tendo a defesa da vida como preocupação última, desinteressada e doadora de sentido à fé, nem sempre tem sido como a segunda – a teologia, repleta de critérios racionais, por vezes orientada mais pelos interesses institucionais do que pela manifestação viva do amor e da vontade de deus, profissional, nem sempre articulada com os desafios que a vida traz. Devido a tais conflitos, lá se foram "por água abaixo" intuições belíssimas de fé entre montanistas, anabatistas, pentecostais, por vezes tachadas de heréticas, outras vezes desqualificadas por seus subjetivismos e radicalismos.

Não foram poucos os grupos que, também ao longo da história, estiveram preocupados com o distanciamento e com a tensão entre espiritualidade e teologia. A centralidade da Bíblia na reflexão teológica cristã é, por exemplo, devedora de Martinho Lutero, que, no século XVI, em uma conjunção de esforços e de desenvolvimento cultural próprios do início da era moderna, possibilitou maior acesso de pessoas à Bíblia. A confluência de vários elementos do itinerário espiritual de Lutero e de grupos reformadores da época – como a ânsia por liberdade, a busca de uma expressão de fé espontânea, o desejo de poder obter a salvação gratuitamente – retomou princípios bíblicos fundamentais, em especial o dom gratuito de deus, revelado em graça e em amor, tais como os escritos paulinos anunciam no Novo Testamento.

Passam-se os séculos, numerosas experiências de cultivo espiritual da vida e da fé são vivenciadas, mas permanecem as tensões entre as formas mais vivas de espiritualidade e a racionalidade teológica secular moderna. Os séculos XIX e XX levam ao auge tais tensões e abrem um horizonte significativo de melhor compreensão racional da Bíblia, livrando-a das prisões do universo medieval fantasioso. Vários teólogos dessa época deram passos largos na valorização do estudo crítico da Bíblia, mas precisaram que outros, como Karl Barth, voltassem aos princípios da Reforma ao destacar, por exemplo, a centralidade da Bíblia na vida da Igreja e na vivência da fé.

Mesmo com todo o relevo concedido à Bíblia, a racionalidade e o formalismo tão presentes nas teologias e experiências eclesiais do início do século XX, tanto no campo católico-romano como no protestante, não impediram que reações fortíssimas surgissem apresentadas como defesa da fé e da espiritualidade. Os fundamentalismos do final do século XIX no catolicismo e os do início do século XX no protestantismo até que falaram com ênfase sobre a Bíblia, mas não parecem ter favorecido a manifestação da espiritualidade bíblica, tal como temos nos referido nesta reflexão. Tais rios de espiritualidades mais fechadas e pouco dialógicas desembocaram com ondas parecidas com as do mar no quadro religioso brasileiro e mundial na virada para o século XXI, e hoje temos de navegar sobre elas. O caminho que indicamos é de um aprofundamento da visão bíblica, em chave pluralista, para que ela possa iluminar os descaminhos que formam o quadro religioso brasileiro, hegemonicamente marcado por traços de forte individualismo, de esfriamento da sensibilidade humana e de aumento do autoritarismo e da violência simbólica verbal.

As formas de espiritualidade que valorizam e preservam a vida e os valores fundamentais da fé cristã, como a justiça e a paz, a alteridade e a importância do ser humano e da integridade da criação, não decorrem mecanicamente da leitura da Bíblia – pois esta pode ser feita a partir de ideologias, sem conexão profunda com o espírito divino –, mas encontram na Bíblia a fonte básica para o estabelecimento de suas bases essenciais. Assim, podemos nos referir à espiritualidade bíblica como o conjunto de experiências, sejam explicitamente religiosas ou não, pessoais ou coletivas, que expressam o núcleo central da fé, marcado especialmente pelo despojamento abraâmico, pela solidariedade profética e pelo senso de doação radical visto em Jesus e em seus seguidores.

Ter a Bíblia como fonte básica da reflexão teológica é um pressuposto metodológico de importância singular na teologia moderna. Somam-se a ela a história da Igreja e a história da cultura e das ciências, incluindo a diversidade das experiências humanas nos diferentes aspectos socioculturais, científicos e religiosos. Se todas essas dimensões oferecerem "alimento" para as experiências de deus, um quadro cada vez mais humanizador será vislumbrado no campo religioso e da vida em geral.

A Bíblia, quando lida como "espelho" da fé, e não como manual dogmático, interpela fundamentalmente a vida humana. Se ela é vista como elemento espiritual, cuja dimensão simbólica está profundamente arraigada na experiência humana, e não como manual histórico de mero conhecimento, cada pessoa e cada grupo, ao adentrarem em sua leitura (ou escuta), se colocam também lá dentro. Com isso, nos fazemos novos Adão e Eva, novos Moisés, ainda que sem a mesma pujança de Jesus, mas com as condições mínimas e não isentas de contradições, para rever a vida, modificar rumos, perdoar e sermos misericordiosos. Esses fatores não estão muito presentes nas experiências religiosas hoje.

Observe que esse é um caminho, portanto, um método – simples, embora profundamente desafiador – de leitura bíblica que ajuda na revitalização da experiência cristã, tanto pessoal como coletiva. Trata-se de *sentir* a presença viva de deus na face do próximo e em toda a criação, de *perceber* a realidade ao nosso redor, utilizando todos os meios racionais e científicos que dispomos, de *interpretar* tudo isso, procurando discernir bíblica e teologicamente a vontade de deus para o mundo. Isso nos leva a *agir* favoravelmente em prol de um "novo céu e nova terra", semeando no mundo os frutos de amor, respeito ao outro, justiça e paz. A espiritualidade não pode se transformar em um tema ou em algo estanque e à parte que "também" precisa ser levado em conta. Algo como o que certos setores teológicos latino-americanos fizeram com as questões que emergiam da vida das mulheres, das pessoas, de grupos negros e das nações indígenas. Uma boa intenção em ampliar o leque temático teológico, mas que nem sempre esteve integrada ao todo da reflexão teológica, interpelando-a "por dentro" e integralmente. Partimos de outra pressuposição: a espiritualidade necessita ser algo que transpasse toda a vida humana e cósmica e que perpasse toda e qualquer reflexão teológica. É fato que, por vezes, reservamos espaços de livros ou outros escritos para tratar da espiritualidade. Isso poderia nos dar a ideia de que estamos diante de um tema teológico a mais. No entanto, fazemos isso com a consciência de se tratar de um mero recurso pedagógico em nossa produção.

Os temas de teologia bíblica, teologia sistemática, teologia pastoral, incluindo a relação com a cultura, com a história e com a racionalidade moderna, e de teologia ecumênica requerem uma espiritualidade própria, inerente, como que "colada" aos eixos e núcleos básicos da reflexão teológica. A espiritualidade entremeia toda a vida e também a totalidade das reflexões teóricas. Um aspecto relevante desse processo é a necessidade de um tratamento mais adequado da delicada relação entre libertação e gratuidade. As difíceis equações entre uma fé vinculada às urgências políticas, sociais e históricas e uma espiritualidade que possa dar sentido a tudo isso e à vida em geral, especialmente em momentos de crise, são o pano de fundo dessa visão.

Para a teologia cristã latino-americana, um de seus grandes desafios advém do contexto da explosão mística e religiosa vivenciada no final do século XX e nas primeiras décadas do XXI em diferentes continentes e contextos socioculturais. Isso revela, entre outros aspectos, um esgarçamento da razão moderna como fonte de sentido para a humanidade. Ao mesmo tempo, a sempre referida falência dos projetos utópicos globais leva, a nosso ver, contingentes expressivos da população a buscarem formas intimistas e privatizadas de expressão religiosa, o que inibe formas de vivência social e religiosa marcadas pela alteridade.

A reflexão metodológica e teológica em torno das questões sobre o Reino de Deus e sua relação com a história e com a política, como é a vocação latino-americana, nos remete, por diferentes razões, à reflexão sobre a espiritualidade. Aliás, os setores com perfil mais conservador, tanto política como eclesialmente, em geral, afirmam – sem grandes cuidados – que a "Teologia da Libertação não tem espiritualidade". Será tal afirmação verdadeira? Com muita certeza, não. Então, por que será que afirmam assim? Obviamente, há elementos ideológicos, políticos e outros por detrás dessa "acusação". O fio que temos puxado em nossas análises, tendo em vista a explosão das subjetividades que marca o nosso tempo, é a difícil relação entre a teologia, devido às suas bases racionais constitutivas, e as formas mais autênticas e libertadoras de espiritualidade.

O encontro com a vida e com a fé, ou, em outros termos, com a vida e com a Bíblia, é um dos tesouros espirituais da teologia cristã latino-americana, obviamente encontrado e vivido anteriormente por diversas pessoas e grupos em diferentes épocas e culturas. Assim como nos demais campos da teologia cristã, para refletir sobre espiritualidade, se impõem o estudo aprofundado e a leitura adequada da Bíblia, obviamente levando em conta os padrões da racionalidade moderna e pós-moderna. Não se trata de menosprezar as demais religiões e fés, mas, ao contrário, consideramos que quanto mais bíblicos formos como cristãos e cristãs, mais ecumênicos seremos.

A espiritualidade bíblica, mesmo vivida em diferentes formas e expressões, converge para o ideal de despojamento e autodoação. Ela requer formas pessoais e coletivas que nos levam a aprender com as pessoas pobres o significado mais profundo da entrega, da disposição em partilhar, da solidariedade e do amor sem limites, mesmo que vivam tais dimensões da fé com intensas contradições. Assim, diversas motivações e atitudes brotam da leitura da Bíblia e emergem em uma nova espiritualidade. É difícil enumerá-las! É possível intuir que a espiritualidade bíblica hoje deve, pelo menos, forjar uma prática de discipulado, de seguimento de Jesus, de missionariedade e de valorização da vida, em todos os seus aspectos.

Tais dimensões – ao lado de outros relevantes aspectos – estão presentes em diversos grupos e círculos bíblicos espalhados pelo Brasil afora, sejam católicos, evangélicos ou ecumênicos. Neles, a Bíblia não é idolatrada, nem meramente contemplada, mas lida de forma integrada, isto é, quando a dimensão mística da fé é articulada com a visão profética. Ao mesmo tempo, a centralidade da Palavra na reflexão sobre a fé requer uma visão global da Bíblia, e não fragmentada em pedaços que são justificados ideologicamente por "nossa imagem e semelhança". Não se trata de uma "receita", mas tal vivência é um indicativo de fugirmos da leitura fundamentalista, autoritária, ao "pé da letra", sem conexão com a realidade da vida.

Uma questão que usualmente surge é se é possível vivermos uma espiritualidade bíblica nos dias de hoje? Como realizar tal tarefa em meio a tantas perspectivas ideológicas? A cultura firmada no lucro a qualquer preço, na exploração e na coisificação do ser humano, no individualismo e na indiferença, como se sabe, é oposta à fé cristã. Não há como esconder isso. Por outro lado, a fé é fruto do amor. Ela é expressão da graça de deus. Em nossa cultura capitalista, não há nada "de graça". A gratuidade é uma grandeza autônoma, importante em si, que dispensa instrumentalizações, sejam religiosas ou políticas.

Nas palavras paulinas: "já não sou mais eu que vivo, pois é Cristo que vive em mim" (Gálatas 2,20). Dessa forma seria, então, possível viver a gratuidade gratuitamente, como um "clima" que envolve toda a vivência humana. É o que vemos também no Sermão da Montanha. As bem-aventuranças (Mateus 5,1-12) revelam que a pureza de coração é, especialmente, esvaziamento de dogmatismos e imposições. A humildade, como expressão da espiritualidade bíblica, é estar radicalmente envolvido nos processos políticos libertadores, todavia com um sentimento de "servo inútil" e pecador. Trabalhar pela paz, por exemplo, é não fazer da luta o fim último, compreendendo-a apenas como meio provisório sem construir uma mística da luta, e sim da justiça da paz e da reconciliação.

O encontro com o evangelho revela um caminho espiritual profundo e com marcas nítidas, não obstante os caminhos de deus não serem como os nossos, para usar uma expressão profética em Isaías, e o evangelho nos surpreender a cada momento. Mesmo assim, propomos esse encontro e o fazemos a partir de uma leitura dos evangelhos, com destaque para o apelo de percorrermos o caminho de Jesus, com ele e motivados por ele, com o desejo de se vislumbrar uma espiritualidade que "surge no caminho".

O que temos visto é que a nova religiosidade emergente, em consonância com as subjetividades igualmente emergentes, inclui uma articulação de elementos místicos e filosóficos de várias procedências: das expressões espiritualistas do que se chamou a Nova Era, da multiplicação dos grupos orientais, do fortalecimento institucional dos movimentos de renovação carismática e similares e do crescimento do setor das igrejas evangélicas, em especial o do pentecostalismo. Esse amálgama, expresso em formas diferenciadas, está em conexão com a lógica da eficiência, do individualismo, da harmonia e do triunfalismo engendrados pela globalização econômica e das comunicações e pelas políticas neoliberais vigentes.

Há uma excessiva confiança na técnica (humana) e pouco apreço (quando não contraposição) à prática da solidariedade e às vivências de caráter mais gratuito e de despojamento. Enfatizar o caminho concreto de seguimento a Jesus, não fugindo do conflito como chave de leitura, significa, por um lado, andar na "contramão" da atualidade e, por outro, corrigir, com a perspectiva de paixão, sofrimento e instabilidade, a mentalidade triunfalista do êxito religioso, majoritariamente difundida no contexto atual.

Vivemos um tempo de maior individualismo, de insensibilidade humana, de consumismo desenfreado e de violência crescente. Essa realidade está misturada com gestos e iniciativas de profundas e autênticas vivências comunitárias, solidárias e de comunhão interpessoal e serviço. No entanto, como podemos percebê-las mais nitidamente? Como poderemos discerni-las e abraçá-las?

Para refletir sobre esses aspectos, procuramos sempre destacar as seguintes dimensões: gratuidade (a comunidade como lugar de abertura, de fé e de pregação da liberdade), *koinonia* (a comunidade como lugar de comunhão, de diálogo e de autenticidade), utopia (a comunidade como espaço de expressão devocional e lúdica) e *diakonia* (a comunidade como canal de solidariedade, partilha e serviço). Tais aspectos são o reconhecimento de que a vida em comunidade, por ser fonte privilegiada de utopia, se torna elemento de combate às diferentes formas sectárias, violentas, individualistas ou idolátricas do agir humano e representa um caminho sobremodo elevado de vivência espiritual.

No transcorrer das décadas, em especial pelas experiências vividas no acompanhamento das situações-limite das pessoas e também pelas bases teóricas que foram sendo assimiladas e assumidas criticamente, como se espera dos processos teológicos, a busca do sentido mais global da vida norteava o meu pensamento teológico que foi e está sendo formado.

Um itinerário teológico adequado e profundo é viver e refletir mais sobre a fé, sempre em interação com a vida, deixando a religião em outro plano, se é que podemos fazer tal distinção. Em termos bíblicos, a fé mobiliza pessoas e grupos em seus projetos utópicos, como Abraão, Moisés e tantos outros (Hebreus 11), concede possibilidades, como a de Sara, que recebeu poder para ser mãe (Gênesis 21), ou como a de Raabe, a meretriz, que não foi destruída porque acolheu com paz os espias (Josué 6). Do mesmo modo, faz pescadores buscarem o sustento nas águas profundas proibidas (Lucas 5,1-11), deu vida e dignidade ao pobre cego Bartimeu (Marcos 10,46-52) e salvou a filha de Jairo (Lucas 8,49-56). Por tantas razões como essas, nos momentos de dor e sofrimento, nas vicissitudes da vida, nas buscas da paz e da justiça, podemos nos lembrar desses testemunhos bíblicos.

Esse olhar sobre a vida remonta às perspectivas evangélicas, como, por exemplo, a que diz ser a vontade (= Reino) de deus "semelhante a um grão de mostarda que um homem plantou na sua horta; e cresceu e fez-se árvore; e as aves do céu aninharam-se nos seus ramos" (Lucas 13,19); ou a ideia daquele homem que descobriu um terreno com pedras preciosas, vendeu tudo o que tinha e o comprou. É a ideia de uma aposta existencial da radicalidade pela vida, de relativização de projetos humanos ou mesmo das coisas secundárias e menores que, muitas vezes, marcam o nosso dia a dia, a dinâmica de nosso trabalho e os nossos relacionamentos.

Com todas as ambiguidades e contradições que a vida nos impõe, tenho procurado seguir esses rastros teológicos. Tal feito tem sido na companhia de muitas e variadas pessoas e letras, pouco letradas e pensadores renomados, gente simples e grupos seletos, narrativas e conceitos, testemunhos e análises. Esse é um processo árduo e com poucos caminhos trilhados. Requer escutar falas não ditas ou "malditas", sem respostas previamente determinadas, sem dogmatismos. Talvez por isso seja inseguro.

Assim, como tarefas teológicas, temos: refazer o círculo hermenêutico; ouvir novamente as questões que emergem da complexidade social, mergulhar na análise da sociedade como os peixes (e não com o olhar superficial das aves) e, humildemente, contribuir para o seu reverso. É possível que esses tempos áridos possam ser reconhecidos como um novo *Kairós*. Um tempo oportuno para a ação de deus que nos leve a atitudes de revisão e de compromisso, fundamentais para se deixar ser agarrado pela experiência de deus.

ENCONTRO
com o outro

Alteridade vista na perspectiva cristã

*"Quanto ao mais, irmãos e irmãs,
tudo o que é verdadeiro,
tudo o que é honesto, tudo o que é justo,
tudo o que é puro, tudo o que é amável,
tudo o que é de boa fama, se há alguma virtude,
e se há algum louvor, nisso pensai"
(Filipenses 4.8).*

Uma espiritualidade autêntica e profunda não pode estar dissociada da alteridade. Essa é a possibilidade humana de se relacionar com realidades, grupos e pessoas diferentes de nós mesmos, sendo um elemento fundamental da fé cristã. Ela é permeada de bases bíblicas, mas é advinda do campo da antropologia e da filosofia. *Alter*, de origem grega, é o diferente. Portanto, a capacidade de alteridade é reconhecer um "outro" que está além da subjetividade própria de cada pessoa, grupo ou instituição.

Autores judeus como Emmanuel Lévinas (2002) e Martin Buber (1987), por exemplo, aprofundaram a temática. Trata-se de uma postura, método ou sistema de ferramentas científicas que permitem redimensionar, em perspectiva, a realidade. Assim, a plausibilidade de um dado sistema (religioso ou cultural) se evidenciaria no convívio com o "outro", e não na confrontação apologética, tentando desqualificá-lo. Dessa forma, permite-se uma possibilidade criativa de aproximação e de convívio da qual decorrerá uma melhor compreensão do "outro", que não mais será visto como exótico, inimigo, inferior ou qualquer outra forma de desqualificação.

Desse contexto surgem diferentes desafios e possibilidades. O mais fecundo é o da "escuta", ou seja, saber ouvir o diferente. Trata-se da

> [...] tentativa de nos submeter à verdade onde quer que ela se encontre, aceitando o pluralismo de perspectivas e de nomes, quaisquer que eles sejam e onde quer que pulse o coração da vida. Esta missão é "sair" da violência mimética e redutora da alteridade do outro e entrar numa dinâmica de paz polifacética e plural (Bingemer, 2001, p. 288).

Uma pergunta que está presente nos debates teológicos e pastorais, que na atualidade ganha maior relevo graças às implicações socioculturais do sistema econômico, é: O que é o ser humano? Ou, em termos mais adequados, quem é o ser humano? No âmbito da antropologia teológica, há uma concepção muito simples, uma afirmação, em certo sentido singela, mas que possui forte densidade e que está em sintonia com os estudos da antropologia de modo geral.

Trata-se da visão de que o ser humano não pode ser visto sozinho, isoladamente. Ele só vai ser humano se estabelecer relações concretas com as outras pessoas e com o mundo ao seu redor.

Há, em geral, quatro relações consideradas fundamentais para que possamos afirmar a humanidade, ou seja, para alcançá-la nós deveríamos ter a condição e a capacidade mínima de estabelecermos, pelo menos, quatro relações fundamentais. A teologia bíblica da criação e a antropologia teológica concebem, em geral, que o ser humano se constitui como tal na medida em que estabelece relações fundamentais: com o "outro", com o próximo, com o ser humano que nos é diferente (e aí são encontradas as intersubjetividades Eu-Tu, homem-mulher, homo-hétero etc.); a relação com o cosmo (história, sociedade e meio ambiente); a relação consigo mesmo; e a relação com deus, primeira e última, que fundamenta e abrange todas as outras.

A primeira, como já indicada, é com o outro. A expressão bíblica correspondente e muito usada na dinâmica religiosa é o "próximo". Se as pessoas não conseguirem se relacionar com o próximo, ou seja, aquele que é necessitado ou com aquele que é diferente, elas estarão assim deixando de ser humanas. Isso se dá nos processos gerais da vida, mas também nas experiências religiosas. Basta observar a perspectiva da visão bíblica do "Bom Samaritano" (Lucas 10,30-37). No relato, Jesus, em seu ensinamento, traz positivamente o exemplo do samaritano, que na visão corrente era considerado como alguém "fora do povo de deus", portanto, fora da possibilidade de salvação. No relato bíblico, houve uma relação concreta de pessoas, em que uma não era considerada salva, mas sua posição diante da vida deu dignidade e condições para que ela, o samaritano no caso, ao reconhecer o outro, pudesse, então, ser considerada humana e plena de salvação.

O conceito bíblico de alteridade inclui também as relações de gênero, o homem e a mulher, e as relações sociais, tanto as que têm base nas diferenças culturais como as que se dão nos níveis da desigualdade econômica de classes sociais (Muraro; Boff, 2002). Se as pessoas e os grupos não conseguirem estabelecer de forma positiva, harmônica, não obstante os conflitos, essas relações, fazendo valer a máxima que "narciso acha feio o que não é espelho", é porque algo está em questão com sua própria humanidade. Em outras palavras, não se estaria sendo um ser humano integral.

Outras relações fundamentais para que o ser humano se constitua como tal são as que ele estabelece consigo mesmo e as que ele possui com a natureza, com a história e com tudo que está ao seu redor.

Considerando as bases de uma antropologia teológica, temos, por fim – mas que poderíamos afirmar como o início, ou seja, é o princípio e o fim –, a quarta relação, que fundamenta todas as anteriormente descritas. Trata-se da relação com o "fundamento do ser", para usar a linguagem teológica existencialista, ou, em linguagem religiosa, a relação com deus. A relação transcendente do ser humano com deus fundamenta e abrange todas as demais, pois expressa em linguagem simbólica a profunda necessidade – e ao mesmo tempo abertura – de o ser humano se constituir como ser-em-relação.

Tal perspectiva se alicerça na expressão bíblica que pergunta: "Como nós podemos amar a deus, que nós não vemos, se não amamos o nosso próximo, o outro, que nós vemos?" (1 João 4,20). Trata-se de uma das bases do evangelho, um escrito bíblico essencial, que mostra a dinâmica antropológica, tal como aqui descrita. O ser humano é um conjunto de relações interligadas, e a relação com deus fundamenta todas elas, por isso não pode ser vista separadamente.

Esses quatro elementos integrados e minimamente experimentados possibilitam a humanidade a cada um de nós. Dessa forma, é possível ver que se está diante de um ser humano, pois ele/ela consegue minimamente estabelecer essas relações fundamentais básicas da vida.

Nos contextos das igrejas cristãs brasileiras, especialmente em setores do campo evangélico brasileiro, é bastante comum a ideia de fuga do mundo. A visão bíblica, ao contrário, ensina a "encarar" o mundo. No próprio evangelho, há a afirmação relativa ao discurso de Jesus que diz: "eu venci o mundo, não peço que os tire do mundo" (João 17,15). É fato que há o complemento "que os livre do mal", mas o mundo nessa concepção bíblica é a realidade concreta da vida. É bem certo que o sofrimento, por vezes, nos faz desejar não nos defrontar com a vida, as pessoas e o mundo que nos cerca, porém a perspectiva antropológica mostra que, do ponto de vista bíblico, tais relacionamentos são fundamentais.

Nessa compreensão da teologia cristã, o evangelho leva as pessoas a viverem a lógica do amor e da alteridade. Não se pode fugir do mundo (dos relacionamentos), da história (dos compromissos concretos), de nós mesmos (deixando de assumir a condição humana). Assim, sem vida comunitária e política, não há evangelho, e a experiência religiosa torna-se vazia e artificial.

A fé expressa na máxima de que deus é amor significa que as relações que as pessoas estabelecem com Ele – ou que Ele cria com elas e estas respondem – e as que firmam com as outras pessoas e mesmo com a natureza não se baseiam no autoritarismo, em que alguns são os sujeitos e as demais realidades são meros objetos para manipulação, domínio e destruição, se assim for desejado. Ao contrário, o deus bíblico, porque se revela em amor, gera uma relação de comunhão. Aliás, a doutrina da criação poderia ser chamada de doutrina da comunhão, o que seria um excelente exercício para reflexão sobre as comunidades religiosas, uma vez que se as pessoas e os grupos seguissem o exemplo de deus, isso seria um modelo para as igrejas, para as religiões e para a sociedade. Alteridade tem este significado: respeito e valorização do outro.

É significativo nos relatos bíblicos de Gênesis observar que o homem e a mulher são apresentados como iguais diante de deus. Em termos comparativos, no entanto, tal perspectiva igualitária e dialógica não se reflete na sociedade atual nem nas igrejas cristãs e em diversas religiões, que têm muita dificuldade para aceitar esse aspecto. Todavia, as bases bíblicas e teológicas que seguimos indicam o propósito de deus de forma diferente. Ao analisar o texto bíblico, percebemos as consequências práticas e concretas do amor de deus para a vida humana, a história e os destinos da natureza e de toda a criação (Schwantes, 1989).

Então, descobre-se uma trilha, um caminho espiritual, para compreendermos que deus é essencialmente amor e justiça. Isso serve como norma de discernimento do próprio texto bíblico porque, diante de situações de violência, desrespeito aos direitos humanos e de desintegração da vida, é necessário que se olhe, se discirna e se afirme que tal realidade não corresponde à vontade divina, seguindo assim o caminho maior de deus, que é o da paz com justiça. As pessoas, frequentemente, querem sair da lógica do amor e da alteridade, fugir do mundo, da história e de si mesmas, não assumindo como são de fato. No entanto, "entre nós não será assim" (Lucas 22,26).

No campo da teologia cristã, não se pode tratar de pluralismo religioso sem repensar e destacar o valor de Cristo para a fé cristã. É fato que a imagem do Espírito Santo, como vento impetuoso que motiva e empodera cristãos e cristãs a agirem para a unidade, tem sido mais valorizada como caminho de aproximação e diálogo entre as religiões. No entanto, estamos diante da base da fé cristã, e nossa percepção é que ela sustenta uma abertura para a pluralidade, uma vez que os exemplos encontrados em Jesus nas narrativas do Novo Testamento vão nessa direção.

Ao olhar com atenção os relatos bíblicos, vemos neles a narrativa de Jesus admoestando os discípulos que se vangloriavam de ter repreendido um homem que curava e ensinava em seu nome sem o segui-lo explicitamente: "Não o impeçais, pois quem não é contra nós, é por nós" (Lucas 9,50). Os evangelhos revelam nos relatos sobre Jesus propostas pacifistas e de amor fraterno, bem como os princípios de respeito, diálogo e compaixão pelo próximo. Lições de respeito e tolerância também se encontram em outras passagens bíblicas, como aquela que relata que Jesus, ao ser procurado por um centurião de César que intercedia em favor da cura de um servo, afirmou que bastaria uma palavra de ordem da parte de Jesus para que seu criado ficasse curado, e o evangelho revela Jesus exclamando admirado:

"Afirmo-vos que nem mesmo em Israel achei fé como esta" (Lucas 7,9).

Em outro relato, na região da Samaria, Jesus dirige-se dialogicamente à mulher no Poço de Jacó, rompendo barreiras por ela mesma estabelecida ao dizer: "Como, sendo tu judeu, pedes de beber a mim, que sou mulher samaritana?" (João 4,9). E a parábola do Bom Samaritano (Lucas 10,25-37) revela a atitude fundamentalmente tolerante e respeitosa de Jesus para com as diferenças culturais e religiosas, quando escolhe um samaritano para se converter no símbolo do cumprimento da vontade de deus. Tais interpretações bíblicas fundamentam uma visão pluralista e de alteridade.

O encontro com o outro diz respeito também à prática ecumênica. É o encontro das religiões, seguindo a lógica espiritual que a fé nos chama a aprendermos com o outro. Por várias vezes, em eventos e palestras, havíamos sinalizado que em nossa previsão nas próximas décadas haverá, nos diferentes seminários e faculdades de teologia, uma assimilação da presença conjunta de estudantes e docentes procedentes de diferentes religiões. Tal perspectiva, entre outros motivos, irá requerer o aprofundamento de uma teologia ecumênica das religiões. Isso não será feito sem tensões, mas constituirá um tema recorrente na educação e nas reflexões teológicas.

Do mesmo modo, as igrejas e as pessoas que a elas pertencem serão cada vez mais desafiadas pelo pluralismo religioso que hoje marca a nossa sociedade. Isso já se dá fortemente nas famílias, em espaços de trabalhos, escolas e universidades e na visibilidade que as mais diferentes expressões religiosas, cristãs e não cristãs, vêm adquirindo em

vários setores da sociedade. O diálogo, não obstante as reações contrárias e mesmo violentas, será inevitável. E como perceberemos a graça de deus nesse encontro de fés? Ou os que buscam a paz, o diálogo, o respeito mútuo e o serviço conjunto também serão condenados? Estas e outras questões afins são recorrentes em nossas reflexões.
A espiritualidade que perpassa tal perspectiva gera abertura e acolhimento do outro. No tocante à teologia, uma visão ecumênica se abre.

A partir dessa face plural, geradora de uma interface plurirreligiosa, a experiência do sagrado realizada dentro do cristianismo, em outras palavras, a mística cristã, hoje é interpelada e chamada a aprender das experiências místicas e espirituais de outras religiões. E isso não para deixar de ser cristã, mas para que a experiência de deus que está no coração de sua identidade dê e alcance toda a sua medida. Assim como há algo que só o outro gênero, o outro sexo, a outra cultura, a outra raça, a outra etnia podem ensinar sobre mística, há também, sem dúvida, algo que apenas a religião do outro, na sua diferença, pode ensinar, ou enfatizar. Às vezes, trata-se simplesmente de um ponto ou uma dimensão que descobrimos na nossa experiência religiosa, mas do qual ainda não nos havíamos dado conta (Bingemer, 2002, p. 319).

A valorização da pluralidade religiosa, a recuperação do sentido espiritual da gratuidade, a crítica às formas de fixismo, o interesse e a inclinação para se repensar categorias filosóficas e teológicas tradicionais, a interface com as ciências e com a espiritualidade, a abertura à sedução gratuita do sagrado como possibilidade amorosa e realizadora e o diálogo com tradições religiosas diferentes formam placas de um caminho que necessita ser reinventado a cada momento.

Maria Clara Bingemer (2013) oferece substancial contribuição para a temática da alteridade e da mística no contexto atual na obra *O mistério e o mundo*. Um primeiro aspecto que se destaca em suas reflexões, e que nos interessa mais de perto em nossas análises, é o da assimilação da religião pelo sistema econômico. As experiências religiosas estão diretamente afetadas pelas transformações sociais e econômicas. Ainda que os símbolos religiosos tenham sido ressignificados de acordo com as necessidades do sistema econômico, a busca religiosa não perdeu força, apenas alterou suas formas e expressões.

As antigas formas religiosas de caráter mais formal e institucional perderam espaço, e as novas que favorecem a independência do indivíduo florescem com vigor, pois "a busca de deus e o desejo de uma espiritualidade crescem em igual proporção, desembocando em muitas praias que não são mais apenas nem principalmente as igrejas históricas" (Bingemer, 2013, p. 98). Tal perspectiva está também ligada ao fato de que o mundo "pós-moderno assimilou e se apropriou da chamada queda das utopias de uma forma que objetivamente favoreceu a expansão e a predominância do modelo neoliberal" (Bingemer, 2013, p. 38).

Um segundo aspecto é o da pluralidade. Não obstante as formas de massificação, de padronização e de uniformização das experiências religiosas, em grande parte por estarem reféns das formas econômicas de consumo, a emergência de pluralidades será ainda a marca das sociedades, sobretudo no mundo ocidental, e desafiará permanentemente as análises sociais.

Apesar de todas as tendências para a padronização, não haverá, por essas razões, em tempo futuro previsível, uma cultura mundial uniforme. Antes se chegará a uma pluralidade de valores e normas a partir da qual nenhuma sociedade poderá agora se esquivar. Já que a pluralidade constantemente questiona identidades convencionais e até agora dadas por supostas, ela contém inevitavelmente um potencial (não pequeno) de conflito. A variedade de crenças e valores e suas influências específicas são agora não apenas um sinal das sociedades modernas, mas diz respeito também à crescente interdependência global nas relações entre as sociedades e os povos (Bingemer, 2013, p. 51).

Um terceiro aspecto é o poder do testemunho místico. A experiência com o divino não se torna inerte, insensível, e sim se defronta com as transitoriedades e ambiguidades da vida.

O Absoluto faz dessa experiência o princípio norteador de sua vida. Neste sentido, a testemunha e sua narrativa se infiltram, por assim dizer, na volatilidade e na efemeridade do mundo, fazendo de verdade sua biografia, sua história de vida e expondo-se à ousadia de inventar uma nova lógica e uma nova linguagem para dizer o Absoluto e a verdade da qual a humanidade tem inextinguível sede (Bingemer, 2013, p. 310).

Podemos dizer que o valor da dimensão mística e da pluralidade é considerável, tendo em vista uma revisão do método teológico e uma análise mais aprimorada das experiências de deus que marcam o nosso contexto. As experiências religiosas estão diretamente afetadas pelas transformações sociais e econômicas, e ainda que os símbolos religiosos tenham sido ressignificados de acordo com as necessidades do sistema econômico, a busca religiosa não perdeu força, embora tenha alterado suas formas e expressões tradicionais.

Alteridade na perspectiva do candomblé

> "*A jí kí Barabo e mo júbà, àwa kò sé*
> *A jí kí Barabo e mo júbà, e omodé ko èkó ki*
> *Barabo e mo júbà Elégbára Èsù l' ònòn.*[1]
> *Nós acordamos e saudamos o poderoso Exu, que é serventia do Rei,*
> *rogando que não nos faça mal.*
> *Nós acordamos e saudamos o poderoso Exu, que é serventia do*
> *Rei, na certeza que aprenderemos com o Senhor como crianças que*
> *aprendem na escola*
> *Meus respeitos e saudações a Exu,*
> *pois és Senhor da Força e conhecedor de todos os caminhos.*"

Como poderá ser visto adiante, o encontro do ser humano consigo mesmo, na perspectiva do candomblé, exige conhecer não apenas sua mente e seu corpo, mas também sua comunidade e sua relação com a natureza. Isso tem

---

1 Em uma tradução literal: "Nós acordamos e cumprimentamos Barabo. A vós eu apresento meus respeitos. Que vós não nos façais mal. Nós acordamos e cumprimentamos Barabo. A vós eu apresento meus respeitos. A criança aprende na escola que Barabo, eu apresento meus respeitos, ele é Senhor da Força, o Exu dos caminhos" (Oliveira, 2012, p. 23).

muita gravidade, porque a crença nessa cosmovisão enseja a ideia de que esse triplo aspecto (unidade biopsicossocial) é fundante na existência do indivíduo e sua respectiva identidade. Daí a importância do encontro com o outro na vivência da comunidade.

No que diz respeito à comunidade, entretanto, é importante ressaltar que esse encontro da pessoa com seu grupo não é algo entre um e todos os seus membros, e sim entre um e cada um que juntos formam essa identidade coletiva. A comunidade possui uma identidade por pontos de afinidade, mas não por seus membros serem idênticos. São semelhantes em alguns aspectos, mas podem ser bem distintos em todos os demais.

Em outro ângulo mais interno do candomblé, pode-se afirmar que só se sabe que está vivo porque Exu separou cada um da massa genitora. Não apenas separou como também essa "força" Exu passou a nos acompanhar desde então de forma incessante. Isso cria uma questão interessante. Ao mesmo tempo em que possuímos a mesma "origem" do ponto de vista mítico, cada Exu é único e indissociável da nossa existência, conferindo-nos uma característica única e impossível de ser replicada: nossa marca divina, que nos permite nunca mais sermos confundidos com outro ser do Universo.

Essa questão é sabida dentro das comunidades como característica de Exu Olobé (senhor da faca, portanto, capaz de separar as frações da massa genitora para formar outros seres diferentes). O ato de acompanhar todos os seres viventes deu origem a um velho adágio do terreiro: "Só sabemos que estamos vivos porque temos Exu no corpo". Essa afirmação pode ser aplicada à existência em quaisquer um dos nove orum. Além disso, suscita a explicação de que o "outro" mora em nós.

Individualidade e comunidade, portanto, são conceitos que não se confundem para o candomblé, apesar de estarem profundamente conectados. O indivíduo atua em seu destino sabendo que influencia e é influenciado por todas as pessoas com as quais convive. E vai além: sua essência ancestral (egum) carrega para todas as vidas, passadas, atual e vindouras, valores e caracteres espirituais, sociais e culturais conquistados em coletividade. Por esse motivo, é possível afirmar que o candomblé e as demais religiões afro-brasileiras formam uma unidade na diversidade. A religião é a expressão da crença de seus adeptos, e estes são seres únicos em busca de equilíbrio , no sentido de um profundo balanceamento entre os múltiplos fatores espirituais, na diversidade.

Quando os seres estão em desarmonia com essa unidade na diversidade, surgem as doenças físicas, sociais e espirituais, conforme abordaremos mais adiante nas reflexões sobre o encontro com o corpo. Uma das representações mais importantes dos indivíduos na religião é na noção de família de santo. O sacerdote ou sacerdotisa é chamado de babalorixá ou ialorixá, pai ou mãe de santo. O adepto ou adepta é chamado de filho ou filha de santo. Durante as iniciações, são comuns as presenças de madrinhas e padrinhos. O pai de santo de um pai de santo é chamado de avô de santo. Não é incomum os praticantes de candomblé chamarem seus pares de tios, tias e outras nomenclaturas associadas ao núcleo familiar. Isso é mais do que uma nominação, é uma identidade religiosa que se funde com a identidade social constituída, ou melhor, reconstrói sua identidade social.

Alguém que começa a vida religiosa no candomblé é chamado de abiã, ou seja, aquele que não tem casa. Quando se adentra os processos iniciáticos em seus variados ângulos e contextos, a pessoa passa a ter uma pertença, uma casa (seu barracão) e seus parentes (sua comunidade de santo), sua idilê (família). Logo, o candomblé reafirma os laços familiares que constituímos biologicamente e nos convida a ampliar essa relação em outros núcleos, em especial na comunidade religiosa.

Os mitos não apenas transmitem isso como também ensinam que a relação com o outro é o que há de mais sagrado para o candomblé. Isso vai desde a condução das grandes sociedades até as atividades mais básicas de interação humana. Vamos exemplificar com um mito em que o orixá Xangô[2] ensina o ser humano a cozinhar:

Xangô ensina ao homem como fazer fogo para cozinhar
Em épocas remotas, havia um homem
a quem Olorum e Exu ensinaram todos os segredos do mundo,
para que pudesse fazer o bem e o mal, como bem entendesse.
Os deuses que governavam o mundo, Obatalá, Xangô e Ifá,
determinaram que, por ter se tornado feiticeiro tão poderoso,
o homem deveria oferecer uma grande festa para os deuses,
mas eles estavam fartos de comer comida crua e fria.
Queriam coisas diferentes:
comida quente, comida cozida.
Mas naquele tempo nenhum homem sabia fazer fogo

---

2 "Xangô pode ser traduzido como o 'senhor do raio' ou 'senhor do fogo'. Ao lado de Exu, é considerado Babá Iná (senhor do fogo), ou seja, o orixá que domina o fogo, elemento tão importante para a sociedade" (Carneiro, 2017, p. 61-62).

e muito menos cozinhar.
Reconhecendo a própria incapacidade de satisfazer os deuses,
o homem foi até a encruzilhada e pediu ajuda a Exu.
Esperou três dias e três noites sem nenhum sinal,
até que ouviu uns estalos na mata.
Eram as árvores que pareciam estar rindo dele,
esfregando seus galhos umas contra as outras.
Ele não gostou nada dessa brincadeira e invocou Xangô,
que o ajudou lançando uma chuva de raios sobre as árvores.
Alguns galhos incendiados foram decepados
e lançados no chão, onde queimaram até restarem só as brasas.
O homem apanhou algumas brasas
e as cobriu com gravetos
e abafou tudo colocando terra por cima.
Algum tempo depois, ao descobrir o montinho,
o homem viu pequenas lascas pretas.
Era o carvão.
O homem dispôs os pedaços de carvão entre pedras
e os acendeu com a brasa que restará.
Depois soprou até ver flamejar o fogo
e no fogo cozinhou os alimentos.
Assim, inspirado e protegido por Xangô,
o homem inventou o fogão
e pôde satisfazer as ordens dos três grandes orixás.
Os orixás comeram comidas cozidas e gostaram muito.
E permitiram ao homem comer delas também
(Prandi, 2001, p. 257-258).

Tendo em vista a visão de comunidade, é possível observar que existem três poderosos orixás que governam o mundo: Oxalá (Obatalá) foi quem criou os seres viventes, logo não poderia deixar de ser um dos seus governantes; Ifá, no sentido aqui empregado, é o orixá Orunmilá, é o senhor de todos os destinos; e Xangô representa a realeza, o orixá que reina para a sua comunidade.

A historieta registrada por Reginaldo Prandi (2001) nos terreiros de candomblé dá ênfase a Xangô. É ele que atende à súplica dos seres humanos quando percebe o escárnio que estão produzindo para a sua comunidade. Xangô protege os seus... E ao atacar seus inimigos, não deixa de trazer ensinamentos importantes para eles. Não é por menos que Xangô também é conhecido como o orixá da justiça, afinal, é imprescindível que ela exista na mediação entre os seres humanos.

Desta intervenção divina, protegendo o seu povo, Xangô permite que o homem controle o fogo e construa elementos que permitam cozinhar sua própria comida. Aqui explica também por que a comida cozida no terreiro é considerada sagrada. Dessa forma, o mito revive a ideia de que os seres humanos acessam a sabedoria dos deuses e das deusas africanos, tendo como ápice a ingestão dessa criação, dessa ferramenta divina.

Xangô e o ato de ensinar a cozinhar é uma oportunidade de ensinar os seres humanos a conviverem de tal forma que um ajude o outro. Utiliza-se de algo tão simples quanto poderoso, a necessidade de comer, e enseja que isso se faça de forma comunitária.

A comensalidade, algo tão importante para o cristianismo, aparece na teogonia africana desde seus primórdios. Seus principais rituais, ritos acessórios e até mesmo atendimentos individuais, normalmente, são acompanhados de comidas preparadas no terreiro. Algumas vezes cruas, outras cozidas, mas sempre ritualizadas, sempre preparadas por um grupo de pessoas. Não é por menos que ser iabassê, ou seja, iniciada responsável pela cozinha de santo, é ter um dos cargos mais prestigiados em um terreiro de candomblé. Essa sabedoria tem importância capital para o terreiro, pois envolve entender o que e como será ofertado para cada ori, orixá, egum e demais seres cultuados na tradição. Ser iabassê é ser senhora das trocas simbólicas, dos diálogos entre os seres e deuses de forma consciente e inconsciente.

Diante do exposto, seria impossível tratar do encontro com o outro sem falar de Exu. É considerado o orixá da comunicação. Os mais velhos no santo dizem que é o patrono dos carteiros, pois esse deus africano conhece todas as realidades e todos os seres que habitam nela. Sendo assim, por meios mágicos e religiosos, ele promove união ou discórdia entre os pares. Essas condições vão ser perseguidas de acordo com as necessidades e vontades do indivíduo e sua capacidade de realização.

Contudo, é importante lembrar de um fato que possa ter passado desapercebido como se fosse uma traquinagem de Exu... O orixá é um dos componentes que formam o espírito. Somos deuses, logo, somos orixás. E se todos carregam seu Exu individual, essa força também é de responsabilidade de cada um. O encontro com o outro se dá mais do que pela alteridade. O encontro com o outro se dá pela conexão intrínseca que existe entre todos os seres viventes. Algo discutido como inconsciente coletivo pela psicologia, mas que o candomblé entende como algo divino, inerente ao espírito, consubstanciado na força e no poder de Exu.

Se isso ocorre dentro do espaço do terreiro, é possível depreender que isso se manifesta na sociedade. O terreiro faz a gestação desse novo modo de agir e ser no mundo. O candomblé como religião apoia na modelagem de valores que serão essenciais para o caráter e o estilo de vida dos seus adeptos. De certa forma até paradoxal, a comunidade ampla, a sociedade civil, é mais importante que o indivíduo, porque é nela que o indivíduo se fortalece. Assim, alguns pontos começam a ser ressignificados em um contexto em que as pessoas são treinadas a privilegiar a si mesmas em detrimento dos outros. O ditado popular "farinha pouca, meu pirão primeiro" não tem vez aqui.

É necessário agir em prol do coletivo e gerar reciprocidade na relação. É desse modo que se fortalece o "ori" da pessoa, com muito axé. E o axé só pode ser adquirido por meio da relação com o outro, a natureza e, em última instância, com o orixá que se manifesta no outro e na natureza, formando um ciclo contínuo e coletivo de conexão.

Vamos retomar o oriqui da abertura:

> nós acordamos e saudamos o poderoso Exu, que é serventia do Rei, rogando que não nos faça mal. Nós acordamos e saudamos o poderoso Exu, que é serventia do Rei, na certeza que aprenderemos com o Senhor como crianças que aprendem na escola. Meus respeitos e saudações a Exu, pois és Senhor da Força e conhecedor de todos os caminhos.

O rei que se refere aqui é Xangô. Logo, Exu que serve ao orixá Xangô, ou seja, o Exu que atende ao rei da comunidade, portanto, a todos e todas que acorrem a ele, é louvado e saudado porque esse orixá permite que exista boa paz, bons diálogos e boa convivência entre seus pares. Todavia, esse processo não é passivo. O entendimento entre as pessoas, principalmente assumindo as diferenças que existem entre todos e reconhecendo que essas diferenças são sagradas, o que afasta a ideia de uma regra única para que todos obedeçam, é um caminho árduo. Isso exige aprendizado e disposição em mudar aquilo que atrapalha o diálogo, assim como é preciso reforçar aquilo que é propiciatório. Por esse exato motivo, o oriqui faz a menção de aprender com Exu como ser senhor dessa comunicação e harmonia que é construída diante do caos. Sim, seres humanos não são certezas, e sim probabilidades. Os seres humanos buscam criar questões perenes, mas a vida é impermanente. Assim, os filhos e as filhas de santo aprendem no terreiro. A necessidade de a conviver com a impermanência, sabedores das probabilidades e em busca de uma contínua metanoia, como diriam os gregos.

No sentido de colocar luz ao tema, é possível afirmar a metanoia, em sua essência, como a representação mais profunda de transformação na maneira como percebemos o mundo e a nós mesmos. É um processo de reavaliação de crenças, valores e atitudes, que nos impulsiona a transcender nossos padrões de pensamento e comportamento. A metanoia nos convida a questionar as verdades preestabelecidas e a buscar novas perspectivas, expandindo nossa consciência e compreensão da realidade.

A metanoia, no contexto do candomblé, é de fato ir além da mente, portanto, sem desprezá-la, alcançando os corações. O ato de pensar, sentir e agir em convergência reflete um excelente equilíbrio da unidade composta pelas partes biológica, psíquica e social inerentes ao espírito em sua busca. Essa convergência também precisa ser exercitada com toda a comunidade, respeitando as especificidades, entendendo as divergências e buscando uma coexistência pacífica.

Isso exige muita força, por isso o oriqui fala de Exu como Elegbara (senhor de muita força). Ao mesmo tempo, Exu é Lonan (senhor dos caminhos), pois conhece todos os caminhos, inclusive os que aproximam as almas em contendas. Domina também os caminhos internos de busca do seu "eu" divino. Enfim, domina as probabilidades do destino, buscando sempre fazer com que a felicidade reine tanto quanto Xangô é rei.

Nesse enredo de Exu com Xangô, encerramos com a lembrança de que ele é o rei que pedimos para olhar, para aprender e para viver sua realeza.

Ká wòóo, ká biyè sí!

Em uma tradução literal: "Podemos olhar a Vossa Real Majestade? (Porque era considerado grande honra poder olhar o Obá erguendo a cabeça diante dele" (Oliveira, 2012, p. 23). Trata-se de uma saudação corrente a este orixá por dentro do candomblé jeje-nagô.

ENCONTRO
do ser humano
consigo mesmo

Reflexões a partir do candomblé

*"Àjàlá mo orí mo orí mo yo àlà forí kòn
E àgò fi rí mi (fi orí mi).[1]
Ajalá[2] fez a minha cabeça,
fez o meu destino,
Fez com que despertasse para a minha vida
e crescer com ela,
Alá que sustenta e mantém viva a minha cabeça
e o meu destino".*

Por um instante, faça este exercício: feche os olhos, imagine você se olhando em um espelho completamente nu. O que você enxerga? Seu corpo, seu rosto, seus braços e suas pernas, sua genitália... Se pudesse olhar para o interior do seu corpo, o que enxergaria? Sangue, ossos, órgãos e

---

1 Em uma tradução literal: "Àjàlá fez o meu *orí* (minha cabeça), minha cabeça. Me germinou e fez crescer, alá que segura e mantém a minha cabeça" (Oliveira, 2012, p. 152).

2 Ajalá é muito associado a Oxalá. Ajalá é um orixá do panteão jeje-nagô e tem como principal responsabilidade a construção dos ori (cabeça ou destino) dos seres humanos.

sistemas? Se pensasse em um outro plano de existência, chegaria à mente, ao espírito? Quem é você? Como promover o encontro consigo mesmo?

O candomblé, por meio dos processos de iniciação, tem esta preocupação central: promover uma identificação, um reconhecimento de quem você é e o que faz no mundo como ser que interage socialmente sob a luz do poder divino. Esse poder divino é tão imenso e intenso que ocupa todos os espaços sagrados, os nove orum e tudo que nele habita. Na questão humana, o espírito é sagrado, assim como o corpo.

Sendo assim, na perspectiva jeje-nagô, somos em última instância o orixá. Conhecer a si mesmo é conhecer seu orixá e como, a partir disso, concretizar um bom destino, repleto de realizações que atendam aos anseios biopsicossociais. No candomblé, o ser humano é compreendido por esta unidade tripartite: a individualidade expressa no ori--bará, a natureza na forma do nosso orixá e a ancestralidade, que se manifesta através do egum. Dito de outra forma, a unidade biopsicossocial possui três elementos de destaque que não podem ser vistos isoladamente para uma correta leitura do indivíduo, sendo realçada apenas por motivos didáticos. Esses três elementos estão em profunda conexão.

A natureza humana é moldada tanto por influências coletivas, como crenças, mitos e valores herdados de gerações anteriores, quanto por características individuais que tornam cada pessoa única. Em outras palavras, somos o resultado da interação entre o legado cultural e social que nos precede e a singularidade que nos define como indivíduos (Santos, 2002, p. 203).

A começar pela individualidade, todos os seres humanos que estão vivos no aiê possuem um conjunto denominado ori-bará. O ori pode ser entendido como a cabeça (em tradução literal do iorubá), mas também remete à mente e ao próprio destino do indivíduo. Já o bará é uma aférese das palavras *obá* (rei) e *ará* (corpo) que está associada à vida e à capacidade de realização. Ou seja, o indivíduo pode ser pensado como seu destino em movimento, em realização. O corpo seria uma forma de executar a idealização da cabeça, da mente, ou seja, do destino. Reforçando esses três aspectos citados por Juana Elbein dos Santos (2002), o ori seria uma das três almas do ser espiritual, conforme Reginaldo Prandi (2011). O ori, especificamente, refere-se ao que está dentro da cabeça, um conteúdo espiritual presente no corpo. O pesquisador reforça que ori pode ser traduzido como cabeça, representando aquilo que contém todas as definições da individualidade (Prandi, 2011).

Para ilustrar o exposto até aqui, mais uma vez o mito é convidado para esclarecer a cosmovisão do candomblé jeje-nagô:

Ajalá modela a cabeça do homem
Odudua criou o mundo,
Obatalá criou o ser humano.
Obatalá fez o homem de lama,
com corpo, peito, barriga, pernas, pés.
Modelou as costas e os ombros, os braços e as mãos.
Deu-lhe ossos, pele e musculatura.
Fez os machos com pênis
e as fêmeas com vagina,
para que um penetrasse o outro
e assim pudessem se juntar e se reproduzir.
Pôs na criatura coração, fígado e tudo o mais que está

dentro dela,
inclusive o sangue.
Olodumare pôs no homem a respiração
e ele viveu.
Mas Obatalá se esqueceu de fazer a cabeça
e Olodumare ordenou a Ajalá que completasse
a obra criadora de Oxalá.
Assim, é Ajalá que faz as cabeças de homens e mulheres.
Quando alguém está para nascer,
vai à casa do oleiro Ajalá, o modelador de cabeças.
Ajalá faz as cabeças de barro e as cozinha no forno.
Se Ajalá está bem, faz cabeças boas.
Se está bêbado, faz as cabeças malcozidas,
passadas do ponto, malformadas.
Cada um escolhe sua cabeça para nascer.
Cada um escolhe o ori que vai ter na Terra.
Lá escolhe uma cabeça para si.
Cada um escolhe seu ori.
Deve ser esperto, para escolher cabeça boa.
Cabeça ruim é destino ruim,
cabeça boa é riqueza, vitória, prosperidade,
tudo o que é bom (Prandi, 2001, p. 470-471).

O nosso destino é construído pelo tipo de cabeça que "pegamos" com Ajalá. A ideia de ori como um "pote" que recebe a porção da nossa individualidade, nosso orixá, é algo significativo. Afinal, o espírito precisa ter sabedoria para "escolher" seu ori. Logo, quanto mais experiências, mais memórias, mais histórias aprendidas e mais amigos realizados, maior probabilidade de uma escolha certa para seu ori. O ori modela o conteúdo que será colocado nele, o orixá e o egum.

O bará será aquilo que dá suporte ao ori. Logo, o bará surge a partir do ori escolhido, e não o contrário. Fica evidente a ideia de que o ori é algo central na vida que será processada no aiê, podendo facilitar ou dificultar esse bom destino, que é sintetizado no linguajar de terreiro como caminhos abertos e corpo fechado.

Quanto mais o ori for capaz de manifestar o orixá de cada espírito, maior será a chance de o indivíduo ser feliz. Portanto, outro componente fundamental nessa engrenagem é saber quem é o seu Olori (senhor da cabeça), ou seja, o orixá primordial do indivíduo. Uma das formas de identificar esse orixá se processa pelos jogos oraculares. Os famosos jogos de búzios (Erindilogun), que também podem ser realizados com os coquinhos de dendê, em um outro método próprio e mais antigo.

O candomblé concebe o ser humano como uma dualidade entre corpo físico ("ara") e alma, esta composta por diferentes elementos. Um desses elementos é a alma que nos conecta à natureza, estabelecendo um vínculo singular com suas forças, como o mar, o rio, a chuva, as pedras e o trovão. Essa alma, que nos liga a um elemento natural específico, é chamada de "orixá". Diferentemente da visão judaico-cristã de uma origem única e universal em deus, o candomblé afirma que cada indivíduo se origina de um orixá distinto, celebrando a diversidade desde a raiz da existência humana. Nossa primeira conexão com o mundo se dá por intermédio dessa alma ligada à natureza. É uma relação individual e primordial com o universo físico em sua forma bruta, anterior à socialização (Prandi, 2011).

Saber seu orixá na atual encarnação, na presente vida, é o primeiro passo para o reencontro consigo mesmo. É necessário olhar para aquele espelho mencionado no início do texto e reconhecer sua porção divina, moldada pelo seu ori e manifestada em seu bará. Ao identificar seu orixá, a pessoa passa a reconhecer suas fortalezas e também se torna mais consciente dos desafios que surgem quando se distancia dele.

Ao trazer contribuições da ética, tal qual pensado pela filosofia ocidental, o caminho de encontro com o orixá é o caminho da felicidade. Quanto mais próximo estiver o fiel do orixá em si mesmo, mais a felicidade será permanente no seu destino. Dentro do candomblé, esse processo só pode ser completado por meio da iniciação, o segundo nascimento do filho ou da filha de santo na mesma encarnação pelas mãos da ialorixá ou do babalorixá.

No caso do médium que tem a capacidade de manifestar seu orixá, algo que também é observado no jogo oracular, existe uma série de rituais que se processam em torno de 21 dias na sua "feitura de santo". Um desses rituais tem destaque e já fora amplamente retratado no mundo acadêmico, e é sabidamente tido como essencial no meio religioso. Dentro do roncó, um quarto isolado que representa o útero do orixá, ocorre a primeira manifestação legítima do orixá no fiel por meio do transe. Nesse momento, são produzidas marcas no corpo (bará) do iniciado, feitas pelo pai ou pela mãe de santo. Essas marcas carregam uma memória que será reavivada para a eternidade, perpetuando esse instante.

O Exu3 que existe em todos nós4 é despertado por meio do fari, onde se processam os gberé (pequenos cortes),

---

3 "Exu" é uma palavra iorubá polissêmica e multirreferencial. Originalmente, é tido como o orixá mensageiro, responsável por todo sistema de comunicação entre os mundos habitados natural e sobrenatural. Também pode ser entendido como força de movimentação. Em algumas religiões afro-brasileiras, Exu é um ancestral irreverente que baixa nos terreiros para atender e solucionar problemas variados de consulentes e clientes.

4 Um dos mitos conta que Exu ficou responsável pela individualização da massa genérica, o branco impoluto de Oxalá citado no capítulo anterior. Essa é uma forma de saber que existe individualidade.

que são realizados em lugares específicos do corpo, para que o orixá venha à tona assim como uma erupção vulcânica. Daí afirmar que o orixá se manifesta a partir do inconsciente individual ou coletivo, pois é algo de dentro do ser humano para fora, e não de fora para dentro. Em um diálogo com a fé cristã – fazendo valer a máxima: Vós sois deuses...

Entretanto, o orixá não é o único aspecto que define a identidade de uma pessoa. Além das duas almas já mencionadas, existe uma terceira, conhecida como "egum", que simboliza o espírito reencarnado. Tanto os iorubás quanto os praticantes do candomblé acreditam na reencarnação, mas compreendem esse processo de uma forma distinta, onde não ocorre um retorno completo do indivíduo. O que renasce é o "egum", uma alma específica que assegura a continuidade ancestral dentro da mesma família. Essa crença destaca a relevância da ancestralidade e dos laços familiares na cultura iorubá e no candomblé. O "egum" representa a perpetuação da identidade familiar, bem como a memória e a herança que atravessam gerações. Assim, enquanto o orixá conecta o indivíduo à natureza, o "egum" o liga à sua linhagem familiar e ao seu contexto social, completando as várias dimensões que formam o ser humano (Prandi, 2011, p. 184).

Diante do exposto, é possível observar que existe um espírito que se manifesta nos vários espaços da existência. De tal forma que possui características divinas (orixá) e ancestrais (egum), que estão contidas em seus aspectos biopsicossociais (ori-bará) em convergência na vida com seus ciclos e ritmos. O encanto de viver e conhecer a si mesmo é um eró (segredo), ou até mesmo um auô (grande segredo), para o candomblé. Não só pelo fato de que quem detém essa sabedoria trilhou longos caminhos na iniciação, mas também por ser complexa a vida, com suas variadas nuances.

Não é por menos que é tão tradicional que fora transcrito no início deste capítulo, foi Ajalá que fez todas as cabeças que os seres humanos utilizam, portanto, Ajalá é determinante no destino. Esse ori, quando desperto para a vida, cresce conforme as fases da existência são superadas, sustentando assim as possibilidades de ser feliz, em um grande reencontro com seu orixá e sua comunidade, pelas afinidades ancestrais que ser egum carrega naturalmente. Em outras palavras, encontrar-se consigo mesmo é descobrir quem você é, qual sua ligação com a natureza, é reconhecer a comunidade de santo que o acompanha desde muitas encarnações.

Reflexões a partir da fé cristã

*"[...] porque o poder se aperfeiçoa na fraqueza.
De boa vontade, pois, me gloriarei nas minhas fraquezas,
para que em mim habite o poder de Cristo.
Por isso sinto prazer nas fraquezas, nas injúrias,
nas necessidades, nas perseguições,
nas angústias por amor de Cristo.
Porque quando estou fraco então sou forte"
(II Coríntios 12, 9-10).*

Um dos mais desafiadores encontros do ser humano é o que ele realiza consigo mesmo. São muitas as referências bíblicas que dão suporte a interpretações positivas dessa relação, entre as quais o conhecido relato do encontro entre Jesus e Zaqueu, o cobrador de impostos (Lucas 19,1-10). Ele, um homem rico e chefe dos publicanos, acolheu na alteridade do encontro, com alegria e despojamento, uma nova postura de vida. O relato, da forma intensa que é feito, o tira da condição de rico, reconstrói seus valores e posicionamento diante da vida: "Senhor, eis que eu dou aos pobres metade dos meus bens; e, se nalguma coisa tenho defraudado alguém, o restituo quadruplicado". E disse-lhe Jesus: "Hoje veio a salvação a esta casa, pois também este é filho de Abraão" (Lucas 19, 8-9).

As questões relacionadas à subjetividade humana, mesmo com os avanços das ciências antropológicas e da psicanálise, ainda se encontram desprovidas de valor em boa parte dos círculos religiosos. Avolumam-se em nossa sociedade crises existenciais as mais diversas e com elas crescem a precariedade da saúde mental e emocional das pessoas, o número de suicídios, de gestos de violência física, verbal ou simbólica. Também no cotidiano, por vezes, são comuns atitudes escapistas, individualistas e de não enfrentamento da limitação humana, as quais podem ser sinais de que parte considerável das pessoas não esteja conseguindo estabelecer madura e adequadamente uma relação com a própria interioridade.

O encontro com a fragilidade humana talvez seja aquele que mais nos desafia, pois se trata de algo que não desejamos ou, pelo menos, que não temos sido incentivados a tê-lo pelas experiências religiosas que têm se tornado majoritárias no meio cristão. É o encontro com as nossas próprias fragilidades, ambiguidades e fraquezas. Ele nos leva a falar do ser humano, tal como compreendemos que ele seja. Desejamos indicar o caminho, libertador com certeza, de olharmos para dentro de nós mesmos, de reconhecermos as situações-limite da vida humana e de buscar a salvação, mas sem esperar que ela possa vir por ações e méritos humanos.

Perguntas como "somos fracos ou somos fortes?" estão bem presentes no cotidiano das igrejas, dos movimentos sociais e da vida das pessoas em geral. Elas estão dentro do universo complexo dos movimentos religiosos atuais, que desafiam fortemente a teologia e a busca de formas autênticas de espiritualidade, especialmente na tarefa de refletir sobre o ser humano, seus limites e suas possibilidades. Há, pelo menos, duas vertentes dentro do quadro teológico-pastoral que requerem atenção especial da antropologia teológica. A primeira se dá nas realidades eclesiais, católicas e protestantes, cujo perfil se alinha com determinadas experiências encontradas, especialmente, mas não exclusivamente, nos meios pentecostais e de renovação carismática, tanto católicos como protestantes. Multiplicam-se nesses referidos meios os apelos para que os fiéis refutem suas adversidades, fragilidades e doenças. Trata-se das perspectivas da "confissão positiva" – marcada pelas práticas religiosas de afirmação somente dos aspectos positivos da vida, como sempre dizer "sou um vencedor", por exemplo – e da "posse da bênção" – que visa possibilitar realizações pessoais baseadas na declaração, exaustiva e categórica, de que tal realidade já existe.

Tal visão religiosa, como vertente doutrinária de distintos grupos, está ligada às propostas de avivamento religioso que, em geral, são apresentadas como a saída para os diferentes problemas pessoais e sociais. É compreender a palavra humana (e não necessariamente a divina) como criadora de uma nova realidade positiva. É a busca do novo a partir da fuga e não aceitação das limitações humanas.

De forma similar, no contexto teológico latino-americano, as concepções de "construção do Reino", assim como certo messianismo presente na teologia da libertação, também podem constituir uma forma exacerbada do poder do ser humano (ou dos cristãos). Elas revelam uma antropologia que tende a omitir as fragilidades e as ambiguidades humanas, com consequências pastorais diversas. A noção de encontro consigo mesmo está diretamente ligada à noção de liberdade. Foi o teólogo Rubem Alves (1982, p. 29) quem disse, em seu livro *Variações entre a vida e a morte*, que nossa jornada é

> nada mais do que brincar com símbolos, fazendo improvisações em torno de temas dados. Parecemos voar? Apenas saltos, pois nossos pés só deixam o chão por curtos e fugazes momentos. E a teologia se desnudaria como coisa humana que qualquer um poderia fazer, se sentisse o fascínio dos símbolos, o amor pelo tema [e hoje eu digo: a liberdade], e tivesse a imaginação sem a qual os pés não se despregam da terra.

Imaginação, criatividade, aventura. Coisas da fé, para além dos limites religiosos que nos prendem e das certezas que não nos deixam arriscar. O psicanalista Hélio Pellegrino (1989, p. 74), cujos textos marcaram significativamente um período da minha juventude e que agora tenho revisitado, chama a atenção para a sublime possibilidade humana de errar. Ele nos mostra, em *A burrice do demônio*, que:

> a postura religiosa diante do mundo implica, necessariamente, a intuição – e o exercício – de um "sentimento oceânico", por cujo intermédio os seres, captados em sua inexaurível riqueza, se banham num mesmo mar de transcendência que os liga – e religa. A posição religiosa legítima é o contrário da intolerância e do sectarismo. Ela sabe que deus escreve certo por linhas tortas. Sabe, além disso, que as linhas ou caminhos humanos são quase sempre tortos, uma vez que, por decreto divino, foi conferido ao homem – estruturalmente – o amargo privilégio do

erro. É aí, na tergiversação da errância, que deus costuma plantar os rastros de sua presença – ou do seu apelo.

Assim, nos volta a pergunta pelo evangelho. Como temos o vivido e o pregado? Ele tem alcançado a profundeza da vida humana ou tem se reduzido a formas de entretenimento, de escape, de comercialização? A perda de sentido da existência hoje em nossa cultura tem consequências visíveis. Entre tantas pedras que nos fazem tropeçar, poderíamos dizer de um esvaziamento da profundidade do ser, especialmente fruto do consumismo, do hedonismo, da religiosidade fácil e massificada, o predomínio da dominação e do preconceito contra os pobres, o racismo na sociedade e nas igrejas, as relações injustas entre homem e mulher etc. Acrescentamos ainda a manipulação despersonalizadora do ser humano e o fortalecimento dos processos de massificação, o triunfo do cálculo frio dos dados sobre a graciosa consideração da pessoa e o barateamento do evangelho, uma vez que a esfera religiosa, antes orientadora da atividade humana, tem sido privatizada e restrita ao campo meramente individual.

No entanto, a vida é teimosia. Ela vai se achando na beleza e no mistério de seu próprio labirinto. Ela vai ressurgindo pela fé. O teólogo inglês Keith Ward, em *Deus, um guia para os perplexos* (2009, p. 31), ao estabelecer um tipo de plataforma de comunicação da fé cristã para a realidade cultural moderna, mostra que

> o autêntico sentido religioso consiste em discernir o infinito e a eternidade no âmbito do limitado e do provisório, ver em todas as formas particulares de beleza uma Beleza de perfeição ilimitada e valor eterno. O sentido

> de uma presença fundida, que vive na luz e no ar e no céu e na mente humana: o sentido de tal presença, que se divide, como a luz, em milhares de raios brilhantes de individualidade, cada um assumindo o caráter de seu próprio ambiente: o sentido de um mundo preenchido com presenças sublimes e fundidas, múltiplas e, ainda assim, unas, belas e difíceis, cor de vinho tinto e dedos rosados: este é o sentido dos deuses, que excitam a reverência humana e assustam, atemorizam e encantam.

Crer no Reino de Deus é, sobretudo, afirmar a utopia na qual a humanidade diz não à morte. E faz isso porque disse um sim à vida, anseia por viver, com uma esperança sem igual. Nessa mesma trajetória estiveram Abraão, Rute, Jó, Estevão, o garoto que partilhou os pães e peixes no evangelho, o bom samaritano (que hoje corresponderia a um não cristão justo em seu propósito), Tomas Müntzer, Tereza D'Ávila, Martin Luther King, padre Josimo e tantos outros pobres de Iahweh. São por esses motivos/testemunhos que eu *também* "fico com a pureza da resposta das crianças: é a vida, é bonita e é bonita", como diz uma canção popular.

É preciso também lembrar as palavras de Rubem Alves, em *Variações sobre a Vida e a Morte* (1982, p. 194):

> A teologia fala sobre o sentido da vida. Afirmação que pode ser invertida: sempre que os homens estiverem falando sobre o sentido da vida, ainda que para isso não usem aquelas contas de vidro que trazem as cores tradicionais do sagrado, estarão construindo teologias: mundos de amor, em que faz sentido viver e morrer. E quem não será então que, de vez em quando, provavelmente no silêncio das insônias ou naqueles momentos em que a vida de um ente querido se dependura sobre o abismo, que não será, que não terá sido, meio teólogo, invocador de coisas divinas, mágico?...

Mais uma vez, ouço ecoar em mim a voz do psicanalista Hélio Pellegrino (1989, p. 190), que tanto marcou a minha juventude com seu espírito humanista, crítico e esperançoso:

> A cada passo nos defrontamos com o mundo, que nos compete decifrar. Somos nomeadores de mundo, seus intérpretes, aqueles para quem a verdade das coisas se estende como fruto que pesa no ramo que o sustenta. Mas, ao mesmo tempo, somos distraídos e avaros com as coisas. Elas quase só nos interessam na medida de sua possibilidade de matar, em nós, a fome utilitária.

Ah... olhar para dentro de nós mesmos, reconhecer quando estamos no fundo do poço, ver a miséria e a inveja, as rugas da amargura, do rancor e da vingança. Olhar para dentro de nós mesmos e, ao lado, ver as centelhas de paixão, os bons desejos para o outro e para nós mesmos, as possibilidades de luz, um raiozinho talvez, tentar descobrir a imagem de deus em nós no dia a dia de nossos passos. Ou, como nos disse o teólogo Jürgen Moltmann (2003, p. 35), na introdução de sua *Teologia da esperança*: perceber "a eternidade imanente do tempo... reconhecer no brilho do temporal e do passageiro, a substância nele imanente, 'o eterno que está presente'". Isso é o que desejamos.

ENCONTRO
com a natureza
e com a história

A visão cristã

*"Um dia discursa a outro dia,
e uma noite revela conhecimento
a outra noite.
Não há linguagem, nem há palavras,
e deles não se ouve nenhum som;
no entanto, por toda a terra
se faz ouvir a sua voz,
e suas palavras até aos confins do mundo.
Aí, pôs uma tenda para o sol..."*
(Salmo 19, 2-4).

Uma relação fundamental para que o ser humano se constitua como tal é com a natureza, com a história e com tudo que está ao seu redor. As doutrinas bíblicas da criação e da salvação requerem como pressuposto teológico a perspectiva trinitária, ou seja, aquela visão de que o deus dos cristãos e cristãs é, em si mesmo, uma relação. Nessa visão incluem-se as imagens de Deus Pai, que podemos dizer "Pai e Mãe", na relação amorosa com o Filho, que é Jesus

Cristo, mediada pelo espírito, que é expressão sublime do amor sem medidas. Caso esta não seja a base, e sim uma visão absolutista que se possa ter de deus – neste caso, em minúsculo –, tal doutrina, assim como outros aspectos da teologia, sofrerá fortes consequências. Uma das principais implicações da pressuposição absolutista é a noção de que deus tem o domínio sobre a criação, consequentemente, o ser humano passa a ter também.

A perspectiva trinitária, ao contrário, reforça a noção de comunhão. Dessa forma, deus e o ser humano estão em comunhão com a criação, em uma atitude de amor, alteridade e corresponsabilidade. "Tomou o Senhor Deus ao ser humano e o colocou no jardim do Éden para o cultivar e o guardar" (Gênesis 2,15). A visão teológica trinitária – na qual a fé e a teologia cristãs se fundamentam – fortalece as dimensões de relação e de totalidade e expressa a graça multiforme de deus, ao contrário do racionalismo próprio da visão absolutista, que reforça a particularidade, a especificidade e o ato do conhecimento sempre para dominar.

Na perspectiva trinitária, o "conhecer" a criação está associado ao ato de participar dela. Tal visão alcançou também a fé cristológica primitiva que reconhece Cristo "como o Primogênito de toda a criatura, porque nele foram criadas todas as coisas, nos céus e na Terra" (Colossenses 1,15-16). Na maioria dos casos, os grupos cristãos, ao seguirem uma lógica religiosa individualista, descartam tal dimensão como algo pertencente à experiência da salvação, ou, em outros, essa dimensão é vista como não importante ou um mero apêndice da vivência religiosa. É bastante comum no contexto religioso cristão tal relação não ser vista como

Encontro com a natureza e com a história

algo decisivo para a salvação do ser humano. Esquecemo-nos de que se destruirmos a natureza, estaremos destruindo o ser humano, especialmente suas possibilidades de futuro. O mesmo podemos dizer em relação aos processos históricos (Idígoras, 1983).

Uma pressuposição que temos apresentado em outras oportunidades é o fato de o tema da ecologia tornar-se uma das prioridades nas próximas décadas no campo da reflexão teológica. No entanto, propomos uma perspectiva um pouco diferente de boa parte das interpretações teológicas e pastorais sobre a ecologia e, em certo sentido, contundente. Consideramos que a ecologia será (ou deverá ser) tratada não como "teologia social", como nos dias de hoje, mas, sim, como teologia escatológica, ao associar preocupação ecológica à questão da salvação. Em outros termos: se o ecossistema é destruído, somos (ou deveríamos nos sentir) menos salvos. Assim, indicamos a importância de uma percepção espiritual que dê relevo ao ecocuidado e que não relegue a planos secundários a ecologia, pois ela está associada à noção bíblica da salvação, fundamental para a nossa fé. Ao mesmo tempo, esse "encontro" valoriza a história, suas contradições e seus projetos internos, especialmente os protagonistas de novos rumos, como as pessoas pobres, conforme a tradição bíblica realça.

A espiritualidade que surge e que se compromete com a criação e a recriação da vida vai além da dimensão pessoal para alcançar uma perspectiva cósmica. Igualmente, porque surge e se compromete com a história, não se torna escapista nem individualista, e sim relacionada com a vida em toda a sua amplitude humana, comunitária e social. Tal espiritualidade marca uma visão ampla de salvação, o que nos faz ter em mente a tradição bíblica judaico-cristã, na belíssima figura do pastor que, nos perigos da vida, salva concretamente a ovelha ferida. Falar em salvação mobiliza intensamente todos os seres humanos, independentemente de credos, culturas ou convicções políticas e filosóficas. Trata-se de algo decisivo, fundamental na existência humana e que traz indagações e expectativas para todas as pessoas.

No caso da reflexão teológica, a temática da salvação representa um divisor de águas. A compreensão sobre o dado salvífico demarca os outros pontos teológicos, especialmente os prático-pastorais. As atitudes, os valores e as práticas de pessoas e grupos irão variar bastante, dependendo da visão que se tenha da salvação. Daí a importância do tema nas reflexões teológicas sobre a experiência de deus.

No interior das igrejas há, ao menos, duas compreensões bastante correntes e equivocadas sobre a salvação, ambas sem base bíblica de sustentação. A primeira é a concepção *mera e excessivamente individualista* da salvação; a segunda é que a salvação é *exclusivamente* para outro mundo (Idígoras, 1983).

Historicamente, as pregações e as atividades de educação cristã no contexto das igrejas evangélicas no Brasil, mas também no contexto católico, repetiram tão abusivamente que a salvação é individual que as pessoas envolvidas passaram a acreditar que era de fato. Tal perspectiva reforça as interpretações metafísicas no tocante à questão salvífica e coloca barreiras para uma perspectiva mais ampla da salvação, com consequências diretas no campo da espiritualidade.

Esse quadro é o que parece marcar a realidade das igrejas nos dias de hoje. Para revertê-lo, tendo em vista uma perspectiva salvífica mais substancialmente bíblica, vários esforços teológicos precisam ser feitos. Eles se juntariam à abordagem de natureza pneumatológica, baseada na teologia da esperança de Jürgen Moltmann (1998; 1992), que se destaca no cenário teológico com sua doutrina ecológica da criação. A visão desse autor, como se sabe, acentua a íntima relação entre os projetos históricos e os horizontes de esperança, valoriza os processos políticos, as iniciativas de promoção da vida humana em sentido amplo e a preservação da integridade da criação. A teologia de Moltmann se caracteriza pelo acento trinitário que permite uma boa articulação dos elementos de caráter mais objetivos da fé e da reflexão teológica com aqueles mais subjetivos, que geram formas de espiritualidade compromissadas com a realidade da vida e com os destinos do mundo.

A reflexão teológica brasileira no campo da espiritualidade tem sido muito significativa. Nela, o destaque é para a visão teológica de Leonardo Boff (2009; 1993) e para a teologia ecofeminista de Ivone Gebara (1997). O pensamento desse autor e dessa autora é referência fundamental para se delinear uma espiritualidade que seja valorizadora da vida, sensível ao cuidado com a natureza e com os pobres, aberta aos mistérios do Universo e atenta aos principais desafios sociais e políticos que hoje se apresentam ao mundo.

Desejamos vislumbrar uma espiritualidade que, por ser ecológica, defenda os pobres e aprenda com eles; que por ser integral, valorize a vida cotidiana e seja sensível ao cuidado com a terra e a natureza, percebendo nelas o lugar de salvação da mesma forma que olhamos para o ser humano. Trata-se de uma espiritualidade plural, ou, mais precisamente, espiritualidades plurais, fomentadas por uma perspectiva antropológica relacional e pluralista. Essa perspectiva dirige-se não a um ou outro aspecto específico da vida, e sim à necessidade de se reinventar a maneira de viver no mundo. Trata-se de uma convocação a toda a humanidade, em que estão inseridas as diversas experiências religiosas e seculares, para um despertar espiritual em favor da justiça e da sobrevivência humana, em face à crise que a atual ameaça de ecocídio provoca.

Em *O Tao da libertação: explorando a ecologia da transformação*, escrito pelos teólogos Leonardo Boff e Mark Hathaway (2012), vemos a íntima relação entre cosmologia e espiritualidade. A cosmologia nos remete às questões da origem, da evolução, do destino, do propósito do humano e do Universo. Assim, nos perguntamos sobre o lugar do humano no grande esquema da vida, incluindo o "relacionamento com a Fonte de tudo ou deus". A espiritualidade é a maneira concreta de incorporação da cosmologia na vida humana. Como descobrir o caminho e o significado pessoal ou comunitário da vida dentro de uma perspectiva de evolução cósmica?

Tal perspectiva de espiritualidade não se restringe à religião, embora possua com ela uma íntima relação. Nesse sentido, torna-se relevante, para "uma ecologia da transformação", buscar um caminho que dirija a vida, não para a destruição, mas sim para uma participação ativa na preservação da integridade da criação e da evolução da vida.

A visão que separa corpo e espírito é reducionista e dualista, o que faz perder a possibilidade de se explorar toda a riqueza e a complexidade da vida. Ela até pode valorizar, por intermédio de atitudes introspectivas de interiorização, de silêncio e de reclusão, uma postura de relativização dos ativismos humanos. No entanto, por não ser efetuada de forma holística, pode se transformar em um modo de viver apenas alguns momentos da vida na busca de paz e de tranquilidade, que são necessárias, sem dúvida, mas que não constituem uma "forma de ser", como se espera de uma espiritualidade holística.

O ser humano é um todo, com dimensões, embora distintas, inteiramente entrelaçadas. Ele também é complexo, na medida em que tais dimensões são dinâmicas e interagem entre elas visando a uma coerência. Estas, a saber, são: a exterioridade, a interioridade e a profundeza.

A *exterioridade* do ser humano está relacionada à sua corporeidade. Trata-se da expressão que se constitui a partir de uma variada gama de relações dinâmicas e interativas. Tais relações são as estabelecidas com o cosmo, a natureza, a história e a sociedade, os outros seres humanos, os elementos e as energias que revitalizam a vida, como o ar, a água, o fogo e a terra, incidindo na alimentação, nas vestimentas e em uma longa e variada lista de experiências e necessidades humanas. Tais relações geram diversos sentimentos, inteligências, amores e reações variadas. O corpo vive, portanto, não obstante revelar a exterioridade humana, em uma complexidade de relações interconectadas, que também se interiorizam.

A dimensão da *interioridade* está ligada ao universo psíquico e mental. Trata-se de um universo igualmente complexo, marcado por impulsos, desejos, paixões, imagens e arquétipos ancestrais. A mente humana, que descreve a interioridade, é a totalidade do ser humano, e não apenas uma parte dele, pois reflete internamente e captura todas as ressonâncias e interações do mundo exterior que o atingem e penetram. Os desejos são as estruturas mais básicas da psique humana que regem a vida e direcionam o ser humano para a conquista. Ao seguir o desejo, que é ilimitado, o ser humano quer alcançar tudo e o todo. A totalidade do ser é seu alvo.

No entanto, a finitude humana não possibilita essa totalidade, por isso sofremos a tentação de identificar as manifestações do todo, ou seja, de deus, com o próprio ser deus; é confundir o Absoluto com o relativo, o ilimitado com o finito. Daí a necessidade de guiarmos nossos desejos não somente para a satisfação pessoal e objetiva, frequentemente geradora de frustração e violência, mas para o que não pode ser negociável ou transferível nas jornadas da vida humana, o Infinito, a Fonte da realidade, deus.

O ser humano também possui uma dimensão de *profundidade*, que é sua possibilidade de superação das contingências, de ir além das limitações históricas, das aparências e superficialidades, das sensibilidades, percepções e compreensões humanas limitadas. É a capacidade de percepção dos eventos e das realidades para além delas mesmas. Trata-se de encontrar o fundamento e a profundidade delas, descobrir a que elas nos remetem, o que sinalizam, indicam e simbolizam para nós.

As mediações materiais, históricas e emocionais de cada situação vivenciada evocam lembranças, imagens, símbolos e imaginários que nutrem a interioridade humana. São sinais visíveis de algo muito maior e mais amplo. Esse movimento promove um estado de consciência pelo qual podemos perceber o todo e como redimensionamos a existencialidade e nos integramos a ele: "Perceber a profundidade do mundo e de todas as coisas bem como a nossa própria constitui aquilo que chamamos de *espírito*. Este não é parte do ser humano, mas aquele momento de consciência pelo qual vivenciamos o significado e o valor das coisas" (Boff; Hathaway, 2012, p. 426).

A espiritualidade, portanto, se expressa em aspectos práticos e concretos da vida social e política. Neles estão destacados os processos de defesa da vida, da justiça social e econômica, dos direitos humanos e da terra, da cidadania e da dignidade dos pobres, o domínio da lógica do egoísmo tanto em esferas macro e sistêmicas como no cotidiano e na vida pessoal. A espiritualidade gera espaço de consciência social, alteridade e coexistencialidade, cordialidade, humanização e integração cósmica. Ela é o empoderamento da vida, não somente humana, mas em todas as suas mais diversas formas de manifestação.

> Assim, a espiritualidade é um modo de ser, uma atitude fundamental a ser vivida a todo o momento e em todas as circunstâncias. Seja na arrumação da casa, seja trabalhando numa fábrica, dirigindo o carro, conversando com os amigos, experimentando um momento íntimo com nossos entes amados; as pessoas que criam espaços para o profundo e para o espiritual se tornam centradas, serenas e cheias de paz. Elas irradiam vitalidade e entusiasmo porque têm deus dentro de si. Esse deus é amor, o qual, nas palavras de Dante, move os céus, as estrelas e nossos próprios corações (Boff; Hathaway, 2012, p. 428).

Tal perspectiva espiritual revela-se imprescindível para o futuro da humanidade e da terra. Trata-se de uma abertura à sensibilidade com os outros e à cooperação e respeito à vida humana e à natureza; trata-se de perceber o mundo natural, material e humano como fontes vivas de energia e de responder ao chamado à comunhão entre eles, em espiritualidade comunitária e ecológica, vital para a sobrevivência da biosfera.

Pensando em termos religiosos mais globais, se espera que cada tradição espiritual procure no seu interior e nos seus fundamentos os discernimentos que possam levá-la ao reverenciamento da vida, ao direcionamento de uma ética de compartilhamento e cuidado da vida em suas dimensões humana e cósmica, ao despertar para a visão de que o sagrado está presente na história e no cosmo. "Se fizermos assim, teremos acesso a uma fonte de inspiração duradoura e profunda, a qual pode servir para o estouro de uma revolução espiritual a qual pode realmente salvar a Terra e enriquecer a qualidade da vida humana" (Boff; Hathaway, 2012, p. 462).

Nessa direção, destaca-se a *Carta da Terra*[1], que indica a necessidade de um novo sentido de interdependência global e de responsabilidade universal "voltado para o bem-estar de toda a família humana, da grande comunidade da vida e das futuras gerações" (Um marco [...], 2012, p. 6):

> Devemos desenvolver e aplicar com imaginação a visão de um novo modo de vida sustentável em nível local, nacional, regional e global. Nossa diversidade cultural é uma herança preciosa e diferentes culturas encontrarão suas próprias e distintas formas de realizar essa visão. Devemos aprofundar e expandir o diálogo global gerado pela *Carta da Terra*, porque temos muito que aprender da continuada busca de verdade e de sabedoria. A vida muitas vezes envolve tensões entre valores importantes. Isto pode significar escolhas difíceis. Porém, necessitamos encontrar caminhos para harmonizar a diversidade com

---

1 "A *Carta da Terra* é uma declaração de princípios éticos fundamentais para a construção, no século 21, de uma sociedade global justa, sustentável e pacífica" (Um marco [...], 2012, p. 6). Leonardo Boff foi "um dos redatores da *Carta da Terra* junto a personalidades do cenário mundial [...]" (Brito, 2012, p. 25).

a unidade, o exercício da liberdade com o bem comum, objetivos de curto prazo com metas de longo prazo. Todo indivíduo, família, organização e comunidade têm um papel vital a desempenhar. As artes, as ciências, as religiões, as instituições educativas, os meios de comunicação, as empresas, as organizações não governamentais e os governos são todos chamados a oferecer uma liderança criativa.

O que foi sinalizado revela uma abertura à sensibilidade com os outros e à cooperação e respeito à vida humana e à natureza. Com isso, é possível perceber o mundo natural, material e humano como fontes vivas de energia e caminhar em direção à resposta ao chamado à comunhão entre eles. A contribuição da fé cristã à ecoespiritualidade, como visto, é fundamental para as dimensões de integração pessoal, comunitária e ecológica, assim como é vital para a sobrevivência da biosfera.

A relação entre ecologia, espiritualidade e tradição cristã é necessária por diferentes razões. A primeira delas refere-se a uma dimensão de caráter mais negativo e crítico ligada ao fato de o cristianismo ter em suas condições históricas, especialmente no que diz respeito às suas raízes europeias, uma conexão com os processos de exploração colonial e mais recentemente com os processos destrutivos do capitalismo corporativo global. Trata-se de uma autocrítica do cristianismo por ter se vinculado com as culturas patológicas e disfuncionais produtoras de pilhagem industrial e consumismo.

Esperamos que o caminho que nos leva a esses encontros mostre-nos outros que sejam necessários e frutíferos para o cultivo de uma espiritualidade libertadora que, como solicitou Jesus, "não nos tire do mundo, mas nos livre do mal" (João 17, 15) e que seja igualmente integradora de todos os processos que promovam a paz, a justiça e a integridade da criação.

A ecoespiritualidade é fruto da percepção de que houve um esquecimento da cosmologia em seu sentido amplo e da visão holística que dava ao ser humano uma compreensão mais apropriada de si mesmo, especialmente nas relações de interdependência e de cooperação vital. Nessa lacuna, acentuou-se o androcentrismo, perdeu-se o valor das origens humanas, da concepção de alteridade e interdependência e da dependência de outros sistemas de vida para a manutenção dela mesma. Ao mesmo tempo, intensificou-se certa forma beligerante de ver a vida e a sociedade, em que cada qual está sempre em luta contra outros para se afirmar o direito à existência. Para Ivone Gebara (2010, p. 95),

> Nossa percepção do mundo e de nós mesmas se condicionou a uma forma de crença na sobrevivência a partir da concorrência contra os outros. O princípio da cooperação, princípio presente nas formas mais primitivas da vida desde as mais originárias expressões, parece ter sido esquecido. E sabemos que devemos a este princípio inerente à vida todas as conquistas em amor, solidariedade e cuidado que desenvolvemos.

Esse aspecto está relacionado às questões que envolvem a vida e as formas de conhecimento técnico e científico. A pressuposição é que:

> [...] não se pode separar ciência de espiritualidade no sentido amplo, não se pode separar pesquisa de felicidade para cada vida humana e em comunhão com as outras formas de vida. À medida que esvaziamos nossa busca

Encontro com a natureza e com a história

científica e nossas invenções tecnológicas de um sentido sagrado de serviço, de respeito aos processos vitais, estaremos caminhando para uma destruição maior. Se tratarmos mecanicamente as pessoas e tudo o que as rodeia, as respostas serão também mecânicas. Se as tratarmos com respeito à sua integridade e à sua formação pessoal, teremos respostas igualmente mais respeitosas (Gebara, 2010, p. 102).

O antropocentrismo decorrente de uma visão religiosa absolutista faz uma exacerbada separação entre ser humano (sujeito) e natureza (objeto), suscitando posturas de domínio e de destruição. A destruição da natureza e o bloqueio aos processos naturais de desenvolvimento de toda a criação dificultam as sínteses energéticas das quais toda a criação depende, conforme atestam as teorias científicas (Gleiser, 2001), o que gera desafios práticos para as comunidades cristãs.

É bastante comum perceber, no contexto das igrejas cristãs, certa desvalorização daquilo que se compreende no campo teológico como o que deus valorizou: Ele, em seu ato criador, antes mesmo de o ser humano existir, criou a natureza. A visão individualista, tão comum nos meios religiosos, embora tenha estado sempre presente na história da igreja, cresce hoje aceleradamente graças à influência das filosofias e das políticas econômicas.

O individualismo dificulta a compreensão de uma realidade teológica tão importante como a da salvação, pois ela fica meramente reservada a um ponto de vista metafísico e individual. Isso se dá a ponto de, muitas vezes, constatar-se no meio religioso um grande apreço pela salvação individual dentro do meio religioso, enquanto, contraditoriamente, os agrupamentos que sofrem e estão visivelmente ao redor, e que deveriam receber uma atenção especial, acabam sendo ignorados.

Se tal desvalorização ocorre com as pessoas, o que não dizer sobre a natureza? É possível, e até comum, que muitas pessoas vejam alguém "caído" no caminho, sofrendo, e sequer se perguntem internamente se não se sentem menos salvas por isso (como deveria ocorrer se os princípios bíblicos sobre a salvação fossem realmente considerados). Do mesmo modo, quando as pessoas se defrontam com a natureza destruída, deveriam se perguntar acerca da própria salvação, uma vez que o propósito de salvação de deus para o mundo é global, isto é, não abrange somente as pessoas. Isso está claro no texto bíblico de Romanos 8 e em outras partes significativas do Antigo e do Novo Testamento.

Nossa pressuposição é que a visão de um deus absolutista distancia o Criador de sua criação, como se deus se fechasse em si mesmo e como se Sua palavra fosse exposta meramente como ordem. Contudo, deus é trinitário e "em si, relacional". Ele enfatiza a comunhão e a participação no cosmo a partir da relação amorosa que Ele mesmo estabelece. Ele, que estava e está sempre presente em sua própria criação, vocaciona o ser humano como corresponsável pela continuidade dela. Nesse sentido, o fato de deus ser relacional não exclui seu caráter absoluto.

É fato que determinadas visões religiosas utilizam partes do Antigo Testamento para interpretar deus como absolutista, severo e manipulador. Todavia, a visão bíblica possui um âmbito totalmente diferente se for feita com os olhos de um deus trinitário. Assim, é possível perceber que "deus é tudo em todos", como afirma a teologia bíblica, especialmente a dos escritos paulinos.

Aqui, estamos diante de um conceito bíblico muito importante, mas nem sempre bem conhecido: a visão do *panenteísmo*. Ela não se confunde com panteísmo, expressão mais comum no meio popular. *Panenteísmo* é deus presente em tudo e em todos, como afirma a fé bíblica cristã. Os escritos paulinos, como já referidos, estão repletos dessa percepção. Não é que deus seja "a" natureza, ou que Ele seja "o" ser humano, porque assim se reforçaria perspectivas idolátricas. A visão bíblica é de que deus está presente em sua criação. Ele cria, mas faz também parte dela. Ele sofre com ela. Se a natureza é destruída, deus sofre também. Se o ser humano é violentado, deus também se sente violentado. Aqui se configura uma visão teológica bem particular e que realça e potencializa os sinais da graça amorosa de deus.

A visão do candomblé

"Kàtà-kàtà ó gbin méje
Ó gbín méje ònòn gbobo,
Kàtà-kàtà ó gbin méje
Ó gbín méje ònòn gbobo.[2]
Ele plantou sete sementes primordiais em distâncias iguais e
Em todos os caminhos existentes Ele fez isso,
Ele plantou sete sementes primordiais em distâncias iguais e
Em todos os caminhos existentes Ele fez isso."

O encontro do ser com a natureza é um sinônimo para o candomblé do encontro do espírito com o orixá. Os orixás são deuses e deusas que se fazem presentes em tudo que há vida, mas – principalmente no aiê, como forças vivas da natureza. Sendo assim, rio, lago, lagoa, mar, mata, folha, montanha são, em última instância, orixás.

---

2 Em uma tradução literal: "Em distâncias iguais, ele plantou sete sementes. Ele plantou sete sementes em todos os caminhos. Em distâncias iguais, ele plantou sete sementes. Ele plantou sete sementes em todos os caminhos" (Oliveira, 2012, p. 36).

A teologia do candomblé não deixa de ter natural afinidade com a ecoteologia proposta pelo teólogo cristão Leonardo Boff (2012) ou pelo filósofo Félix Guattari (2012). Talvez, mais do que afinidade, é questão de sobrevivência. Afinal, para o candomblé, todas as realidades são igualmente importantes. Aliás, vai além: só faz sentido a existência no planeta Terra se todos os seus componentes existirem em harmonia.

Além das questões óbvias de subsistência e sobrevivência humana, existe algo muito além das necessidades básicas: o sentido de existência. Assim como a comunidade, estar em contato pleno com o orixá, ou com a divindade, exige um contato constante com essas forças naturais. Essas relações são estabelecidas desde o contato físico, em que há uma absorção do poder divino chamado axé[3], até a sensibilidade fina do espírito, que entra em contato com o próprio deus interno mediado pela interação com a natureza.

Diante disso, vamos a mais um mito, dessa vez da poderosa Euá, orixá das fontes e dos cemitérios. Seu nome pode ser traduzido como "nossa mãe" ou, em sentido mais profundo, a mãe do caráter.

Euá transforma-se numa fonte e sacia a sede dos filhos
Havia uma mulher que tinha dois filhos,
aos quais amava mais do que tudo.
Levando as crianças, ela ia todos os dias à floresta
em busca de lenha, lenha que ela recolhia
e vendia no mercado para sustentar os filhos.
Euá, seu nome era Euá e esse era o seu trabalho,
ia ao bosque com seus filhos todo dia.

---

3 Esse tema será tratado com maior detalhamento mais adiante, no texto sobre o encontro com o corpo.

Uma vez, os três estavam no bosque entretidos
quando Euá percebeu que se perdera.
Por mais que procurasse se orientar,
não pôde Euá achar o caminho de volta.
Mais e mais foram os três se embrenhando na floresta.
As duas crianças começaram a reclamar de fome,
De sede e cansaço.
Quanto mais andavam, maior era a sede, maior a fome.
As crianças já não podiam andar
e clamavam à mãe por água.
Euá procurava e não achava nenhuma fonte,
nenhum riacho, nenhuma poça d'água.
Os filhos já morriam de sede
e Euá se desesperava.
Euá implorou aos deuses,
pediu a Olodumare.
Ela deitou-se junto aos filhos moribundos
e, ali onde se encontrava,
Euá transformou-se numa nascente d'água.
Jorrou da fonte água cristalina e fresca
e as crianças beberam dela.
E a água matou a sede das crianças.
E os filhos de Euá sobreviveram.
Mataram a sede com a água de Euá.
A fonte continuou jorrando
e as águas se juntaram e formaram uma lagoa.
A lagoa extravasou
e as águas mais adiante originaram um novo rio.
Era o rio Euá, o Odô Euá (Prandi, 2001, p. 232-233).

A natureza tudo provê. A natureza é a grande oferenda do mundo para que haja vida no aiê e em todos os espaços do orum. Esse mito é simbólico, porque Euá é um dos orixás mais misteriosos do panteão afro-brasileiro. A natureza não deixa de ser um grande mistério...

A poderosa mãe Euá ofereceu como sacrifício sua própria vida para que as de seus filhos pudessem prosperar, assim como o planeta Terra faz em relação à humanidade. O pedido de Euá para os deuses não se fez perdido, o milagre da transformação foi processado e com ele a fonte de vida se fez perene. A água virou fonte. A fonte virou rio. O rio atendeu a todos da comunidade.

Sendo assim, o ato de beber água, algo tão simples e básico para a nossa existência, para quem é do candomblé significa um ato devocional, um ato de amor. Isso porque a água potável que vai sustentar nosso corpo é a água primordial que Euá se transformou para que seus filhos nunca mais passassem sede.

O mesmo poderia ser dito sobre as ervas. A vegetação é algo sagrado para o candomblé desde seu estado natural. Quando é necessário coletar ervas, sementes e frutos, o iniciado ou iniciada deve potencializar a sacralidade desse momento. Trata-se de um ato devocional, pois estamos retirando energias da natureza e um dia essas energias deverão ser restituídas a ela. Assim, a folha é usada tanto para banhos, oferendas, defumações como para ver o destino. Os mais velhos pediam folhas das casas das pessoas e conversavam com essas folhas para saber tudo que se passara na frente delas... As folhas são seres vivos para a biologia e são divinas para o candomblé, em especial para os babalossaim, sacerdotes do orixá Ossaim, responsável pela atuação mágica com os vegetais de uma forma geral (Bastide, 2001, p. 124).

Se olhássemos para a nossa história, o que diriam as folhas? No candomblé, utilizam-se muitas ervas originárias tanto do Brasil quanto do continente africano. As folhas do outro lado do Atlântico contariam uma história de dor e luta. A religião da alegria e da felicidade, que promove a liberdade, nasceu em solo brasileiro exportada a fórceps da África. Portanto, o encontro com a natureza não pode ser visto sem o encontro com a história. A diáspora africana é o maior fluxo de escravos da história. Trata-se de uma chaga, uma desgraça social e cultural que movimentou a economia global por séculos. As vidas africanas foram trocadas por ouro e prata.

Diferentemente de Euá, que se doou para os filhos, europeus determinaram que vidas estrangeiras poderiam ser tratadas como produto, caso tivessem a cor da pele preta. Os povos pretos abasteceram de múltiplas formas as sociedades mais ricas do planeta. O tráfico transatlântico vitimou pelo menos 12 milhões de pessoas, sendo o Brasil depositário de metade desse contingente (Rediker, 2011). A contabilização desse número, no entanto, não consegue minimamente expressar o mal e o absurdo que isso representou. Apenas como título comparativo, o Brasil sofreu com a pandemia de Covid-19 totalizando algo próximo de 800.000 vidas, aproximadamente e ficamos horrorizados com isso. Agora, imagine por um instante o que significaria milhões de pessoas, ao longo de muitos anos, serem arrancadas de suas comunidades para serem escravizadas em outros continentes...

Indo ao encontro do candomblé jeje-nagô, interessa-nos saber como essa história foi desdobrada no Benin. Segundo Rediker (2011), é possível saber que os iorubás, dominando importantes rotas de comércio transaariano de escravos há tempos, por volta de 1770, controlavam portos estratégicos, como Porto Novo e Badagri, adicionando

Lagos à sua esfera de influência no final do século XVIII. Contudo, o poderio iorubá declinou a partir da década de 1790, impactando o fluxo de escravos nesses portos. Apesar da queda iorubá, a baía de Benin exportou cerca de 1,4 milhão de escravos no século XVIII, representando quase um quinto do comércio total da época. No entanto, a participação britânica e americana nesse montante foi de apenas 15%, demonstrando a preferência crescente por portos localizados mais a Leste (Rediker, 2011).

Isso significa que boa parte desses cidadãos africanos aportaram no continente sul-americano, especialmente no Brasil, já na condição de produtos, sendo tratados como escravos. Marcas indeléveis que permanecem até os dias atuais. A escravidão mudou a forma, mas não as consequências nefastas ao povo africano e afrodescendente. Algo que pode ser bem compreendido nas reflexões de Joseph-Achille Mbembe (2018) quando traz o tema da necropolítica, por exemplo.

O processo de escravidão no Brasil não pode ser apenas citado, precisa ser duramente criticado. De uma forma ou de outra, nossa civilização atual é corresponsável pela escravidão no país enquanto o povo preto sofrer preconceito, for discriminado ou não possuir condições isonômicas de cidadania. Até lá, somos igualmente culpados por esse erro, que gerou um verdadeiro genocídio, e não tem expressão mais precisa, sem precedentes na história.

A preservação da memória jeje-nagô em relação aos orixás, para o povo iorubano que aportava em solo brasileiro, representava uma das poucas formas de manter a identidade e integridade de seus valores éticos e espirituais. Sendo assim, algumas correntes históricas indicam como essa expressão religiosa foi ganhando espaço ao longo dos anos de escravidão no Brasil. O argumento que prevaleceu aponta para um início de aglomeração de diferentes etnias nos engenhos e em outros postos de trabalhos forçados, visando evitar uma harmonia entre os povos escravizados e eventuais revoltas ou insurgências. Algo que acabou tendo poucos efeitos práticos. Ocorreram alguns movimentos de revolução contra o *status quo* e a formação de comunidades de resistência, os chamados quilombolas.

Seguindo a lógica do "dividir para conquistar", os senhores de escravos permitiram que seus cativos se reunissem aos domingos nas propriedades, organizados por etnia e origem. A intenção era controlar melhor a população escravizada, concedendo-lhes um espaço limitado para expressar sua cultura por meio da dança e do canto. Essa estratégia, aparentemente conciliatória, marca o surgimento dos batuques, manifestações culturais que, apesar das restrições, serviram como forma de resistência e preservação da identidade africana (Cossard, 2014, p. 27).

Os batuques simbolizavam a primeira manifestação do que daria contornos ao candomblé. O ato de tocar tambores de madeira com couro de animais tornou-se a marca mestra dessa tradição. Os deuses e deusas africanos vinham celebrar a alegria no aiê, mesmo diante daquela situação, pois a vontade do orixá em proporcionar um bom destino aos seus filhos e filhas sempre prevalece. Esse é um dos motivos para nominar de xirê (brincadeira) o ritual em que os orixás se manifestam em seus eleguns, termo associado ao médium ou à médium que manifesta o orixá, sendo obrigatoriamente um iniciado ou iniciada nessa tradição.

A macumba, que prevaleceu no imaginário popular como algo negativo, nada mais é do que um sinônimo de tambor utilizado para os rituais de matriz africana. O termo "macumba" vem de Angola, logo, de outra região africana. Macumbeiro, a rigor, seria simplesmente a pessoa que toca o tambor (macumba), mas essa expressão ainda é usada contra os adeptos das religiões afro-brasileiras, majoritariamente, de forma pejorativa.

Os sons ecoaram da senzala para todos os cantos do país. O povo ameríndio já contribuía decisivamente para o sistema público de saúde com suas artes mágicas, mas – com o advento do culto aos orixás em solo brasileiro – isso foi potencialmente desenvolvido pelo povo preto. A cura que os orixás promoviam por meio dos sacerdotes e sacerdotisas aos seus adeptos passou a ser compartilhada com todos: brancos, ameríndios, mestiços... Diante da necessidade do povo opressor em manter "calmos" e "domesticados" os escravos oriundos da África e seus descendentes já brasileiros, o culto aos orixás ganhou fôlego e vida. Assim, não demorou muito para novas configurações do culto aos orixás surgirem.

Dos batuques que davam ênfase ao xirê vieram os chamados calundus, em que esses elementos de cura mágica ganhavam vez e voz. Em 1685, por exemplo, há registros de denúncias contra práticas de cura com "calundus" e "bonifrates", como no caso de Clara Garciez. Ainda no século XVII, o poeta Gregório de Mattos, em uma sátira sobre quilombos, descreve reuniões com "calundus" e feitiçarias que contavam com a participação de brancos. Essas evidências demonstram que, desde cedo, as práticas culturais e religiosas africanas, como os "calundus", não se restringiram aos negros escravizados, uma vez que atraíam a atenção e a participação de indivíduos brancos na sociedade colonial (Cossard, 2014).

Uma religião de pretos e pretas para seu povo foi gradualmente se universalizando. Aos poucos, os calundus foram se desenvolvendo, e práticas mais específicas e próximas ao que conhecemos hoje como candomblé configuraram-se no estado da Bahia. No que pese nominar os variados terreiros jeje-nagô, "candomblé" é um termo angola que apareceu pela primeira vez em documentos históricos de repressão a uma comunidade preta no ano de 1807 (Cossard, 2014).

Com o passar do tempo, três terreiros de candomblé se tornaram referência da tradição jeje-nagô: Casa Branca, Gantois e Opô Afonjá, citados na ordem de nascimento em solo brasileiro. Muitos dos seus registros históricos só foram possíveis devido à perseguição militar e policial. Como o povo africano era escravizado no Brasil, tudo o que produzia causava desconforto e raiva, mesmo que beneficiasse os patrões e senhores. O resultado disso, no campo social e religioso, foi a perseguição a terreiros e seus frequentadores, assassinatos e outras atrocidades contra o povo de santo.

Na condição de um religioso e pesquisador afro-brasileiro de pele branca, homem cisgênero de classe média, pouco ou quase nada sofri de preconceito em terras cariocas e paulistas onde transito. Digo "pouco", pois as únicas vezes que sofri algum preconceito foi na minha infância por ter pais nordestinos e retirantes, um porteiro e outra costureira, e na fase adulta por praticar o candomblé.

Sim, o racismo é tão forte e venenoso que até pessoas que não são pretas, mas praticam suas confessionalidades sofrem racismo. Esse fenômeno é uma derivação do racismo, o chamado racismo religioso praticado, infelizmente, normalmente por cristãos mais intolerantes (ou seriam os mais afastados do Cristo?), notadamente entre aqueles que se dizem pentecostais ou neopentecostais.

Esses são fatos que não anulam a beleza do candomblé, mas como um dos seus adeptos não é possível deixar de registrar os fatos até aqui descritos. Contudo, a história precisa caminhar e outros fatos religiosos ganham seu devido destaque.

De culto a um único orixá, de acordo com a localidade de seus povos devotos em África, as roças ou os barracões no Brasil passaram a cultuar mais de uma dezena deles. Se no continente africano a descendência do orixá era dada pelo local e pela família de nascimento, em terras brasileiras os jogos oraculares ficaram com a tarefa de rememorar nossas origens divinas.

Na África, o orixá era central na sociedade iorubana, e no Brasil, se tornou um deus clandestino, mas não invisível. O candomblé deu base e força identitária ao povo escravizado em nosso solo, entregou meios de promover a cura de doenças variadas, ofereceu contribuições decisivas para o nosso vocabulário, influenciou a música, a dança, enfim, nossa cultura e nossos costumes. O termo "clandestino" aqui está posto com precaução de bom uso do dicionário, pois refere-se a ser feito às escondidas ou fora da legalidade. No momento de redemocratização, acreditou-se que um fim a essa perseguição estava próximo e a clandestinidade também.

Do ponto de vista legal, atualmente, é muito mais fácil abrir um terreiro de candomblé, mas no âmbito social, considerando os contextos de diversos lugares do país, os babalorixás e ialorixás ainda se preocupam com quem bate à sua porta: se é um cliente ou traficante de "Cristo"[4], se é um necessitado de axé ou um pastor intolerante[5], e as consequências podem ser terríveis. Mesmo assim e com tudo isso, o candomblé conta com um poderoso orixá guerreiro. Trata-se de Ogum.

Ogum ocupa uma posição central nas tradições religiosas africanas, sendo frequentemente o primeiro a ser invocado. Existem mitos que elucidam a razão pela qual tanto Exu quanto Ogum são os primeiros a ser celebrados em rituais de sua influência. O nome Ogum pode ser traduzido como o "senhor da guerra", mas essa interpretação pode ser ampliada em níveis mais sutis, associando-o também ao papel de "senhor que cura", uma vez que a palavra "gun" pode referir-se tanto à guerra quanto à prática de cura. Essa dualidade de significados ressalta a complexidade e a riqueza das atribuições de Ogum, que vai além do aspecto bélico, envolvendo também a capacidade de cura e proteção (Carneiro, 2017, p. 38).

Lembrando seu oriqui, "Ele plantou sete sementes primordiais em distâncias iguais em todos os caminhos existentes. Ele fez isso. Ele plantou sete sementes primordiais em distâncias iguais em todos os caminhos existentes. Ele fez isso". Esse plantio remete à própria natureza em primeira instância. Ogum planta e conserva as vegetações, permitindo que a vida orgânica se mantenha ativa e próspera. Ele

---

4 Sobre esse tema, ver a reportagem de Mello (2019) intitulada "'Traficantes de Jesus': polícia e MPF miram intolerância religiosa do Rio".

5 São inúmeros casos. Veja, por exemplo, a reportagem de Bitencourt (2019) intitulada: "Mãe de santo acusa pastor de racismo, intolerância religiosa e LGBTQfobia na Bahia".

é o orixá que vai à frente, desbravando todas as dificuldades, cortando todas as demandas, vencendo os obstáculos. Ogum também é o orixá da tecnologia e da agricultura. Como *alagbedé* (o grande ferreiro) constrói as ferramentas para facilitar a vida humana, seja com alimentação, por ser um importante orixá para a agricultura, seja para proteção da comunidade, produzindo armas poderosas. Ogum também semeia a força dos orixás em todos os caminhos e lugares, tendo sido fundamental para que o culto aos orixás perseverasse em terras brasileiras mesmo com todas as adversidades demonstradas. O povo africano venceu. Sua fé não foi domesticada, mesmo quando suas vidas foram ceifadas.

As sementes de Ogum brotaram na vida e no cotidiano do povo brasileiro. Mesmo com outros nomes, sua força é conhecida pela sociedade. Seja como São Jorge da Capadócia, seja como a erva "espada de Ogum" nos terreiros de Umbanda, seu poder extrapolou os barracões de candomblé e hoje é visível até mesmo para aqueles que teimam em persistir no racismo religioso.

Ogum é o senhor dos caminhos e consegue plantar sua boa semente em todos eles. Sejam os caminhos da vida da humanidade, sejam os caminhos do destino de cada um... Ele sempre está lá. Ogum está até mesmo no maior e mais difícil caminho, que é a estrada de reencontro consigo mesmo e seu orixá. De todas as armas que ele domina, a fabricação e o manuseio, escolheu a semente primordial do espírito para fazer florescer o amor em nossos corações e a sabedoria em nossas mentes. Isso é divino! Isso é candomblé!

ENCONTRO
com o corpo

Na tradição do candomblé

"Oya[1] kooro nílé ó geere-geere
Oya kooro nlá ó gè àrá,
Obìnrin sápa kooro nílê geere-geere,
Oyá kíì mò rè lo.[2]
Oiá se fez presente na casa incandescendo brilhantemente
com seu corpo,
Oiá fez um grande barulho,
varando a casa como se fosse um raio, cortando-a,
Mulher de grandes virtudes encantou a casa
com sua sensualidade e sabedoria.
A Oiá saudamos para conhecê-la mais."

---

1 Oiá é uma poderosa iabá (mãe rainha) relacionada ao afefe (vento), raio, orixá guerreira e tida como esposa de Xangô (Verger, 2012). No Brasil, popularizou-se como Iansã, "que quer dizer 'mãe nove vezes'. Também é uma corruptela de 'Yá Mesan Orum', a 'Senhora dos nove Oruns'" (Carneiro, 2017, p. 70).

2 Em uma tradução literal: "Oiá tiniu (ressoou) na casa incandescendo brilhantemente. Oiá tiniu (ressoou) com grande barulho, ela corta com o raio. Ela corta com o raio, é mulher arrasadora que ressoou na casa sensual e inteligentemente. A Oiá cumprimentamos para conhecê-la mais" (Oliveira, 2012, p. 114).

115

Observando com atenção o que foi escrito até agora sobre o candomblé, é possível perceber a importância de Exu para a noção, identidade e constituição do corpo. De fato, a teologia de Exu é fator predominante para compreender não apenas o corpo humano, mas também o significado ampliado e simbólico que ele carrega.

Ao retomar o tema, vale lembrar que, na lógica ori-bará, o corpo é o propiciador de realização no aiê das idealizações do ori (mente), que vão construir o bom ou mau destino do ser espiritual. O corpo que usamos na presente encarnação é fundamental para estabelecer as dificuldades ou facilidades do cotidiano. Ao mesmo tempo, o corpo não deixa de ser o Exu do espírito, visto que media as relações sociais e naturais e ambas com o sobrenatural. Não é por acaso que todos os processos iniciáticos do candomblé envolvem algum tipo de contato, podendo chegar até mesmo a fixação de marcas no corpo.

Apenas para ficar em um exemplo, é possível citar a dança, algo fundamental no candomblé. A maneira como eu louvo o orixá está diretamente relacionada ao meu corpo. Movimentar o corpo harmoniosamente com os toques e cânticos do xirê é o mesmo que imitar a vida em seus ciclos e ritmos sincronizados com a música do multiverso. Sendo assim, o corpo é fundamental para essa tradição.

Para além da constituição biológica do corpo, no candomblé, acredita-se que ele é um natural repositório de axé, que pode ser compreendido como o poder de realização do orixá (Santos, 2002). Como somos de certa forma orixá, somos detentores e produtores dessa força vital. Não só seres humanos possuem axé. As forças da natureza, os seres vivos de todas as espécies e os astros também têm axé. Essa força pode ser consumida, potencializada, dividida e subtraída de acordo com o que idealizamos e executamos, em uma dinâmica muito semelhante à do corpo.

O corpo está em constante troca de células e outras substâncias com o meio ambiente. Um corpo saudável é aquele que realiza o intercâmbio de energias de forma equilibrada. Se doa mais do que recebe, adoece. Se recebe mais do que doa, também. A relação com o axé é precisamente a mesma. Podemos produzir e nos beneficiar do axé, porém, essa energia funcionará adequadamente apenas se circular em sociedade. O movimento do axé é o próprio movimento da vida em seus variados ângulos.

Diante do exposto, cabe evocar um mito de Omulu:

> Omulu cura todos da peste e é chamado Obaluaê[3]
> Quando Omulu era um menino de uns doze anos,
> saiu de casa e foi para o mundo fazer a vida.
> De cidade em cidade, de vila em vila,
> ele ia oferecendo seus serviços,
> procurando emprego.
> Mas Omulu não conseguia nada.
> Ninguém lhe dava o que fazer, ninguém o empregava.
> E ele teve que pedir esmola,
> mas ao menino ninguém dava nada,
> nem do que comer, nem do que beber.
> Tinha um cachorro que o acompanhava e só.
> Omulu e seu cachorro retiraram-se no mato
> e foram viver com as cobras.
> Omulu comia o que a mata dava:
> frutas, folhas, raízes.
> Mas os espinhos da floresta feriam o menino.

---

3 "Obaluaê significa 'o rei da terra'. Outros nomes que o representam são Omulu e Xapanã. [...] aquele que domina as doenças é um curador por excelência. Não é por menos que ele também é o deus da medicina natural e sobrenatural" (Carneiro, 2017, p. 59-60).

As picadas de mosquito cobriam-lhe o corpo.
Omulu ficou coberto de chagas.
Só o cachorro confortava Omulu,
lambendo-lhe as feridas.
Um dia, quando dormia, Omulu escutou uma voz:
"Estás pronto. Levanta e vai cuidar do povo".
Omulu viu que todas as feridas estavam cicatrizadas.
Não tinha dores nem febre.
Obaluaê juntou as cabacinhas, os atós,
onde guardava água e remédios
que aprendera a usar com a floresta,
agradeceu a Olorum e partiu.
Naquele tempo uma peste infestava a Terra.
Por todo lado estava morrendo gente.
Todas as aldeias enterravam os seus mortos.
Os pais de Omulu foram ao babalaô
e ele disse que Omulu estava vivo
e que ele traria a cura para a peste.
Todo lugar aonde chegava, a fama precedia Omulu.
Todos esperavam-no com festa, pois ele curava.
Os que antes lhe negaram até mesmo água de beber
agora imploravam por sua cura.
Ele curava todos, afastava a peste.
Então dizia que se protegessem,
levando na mão uma folha de dracena, o peregum,
e pintando a cabeça com efum, ossum e uági,
os pós branco, vermelho e azul usados nos rituais e en-
cantamentos.
Curava os doentes e com o xaxará varria a peste para fora
da casa,
para que a praga não pegasse outras pessoas da família.
Limpava casas e aldeias com a mágica vassoura de fibras
de coqueiro,
seu instrumento de cura, seu símbolo, seu cetro, o xaxará.
Quando chegou em casa, Omulu curou os pais
e todos estavam felizes.
Todos cantavam e louvavam o curandeiro

e todos o chamaram de Obaluaê,
todos davam vivas ao Senhor da Terra, Obaluaê
(Prandi, 2001, p. 204-206).

Um dos orixás mais poderosos do panteão africano é Omulu, também conhecido como Obaluaê. A saga que esse orixá passa no mito remete muito a essa ideia de axé exposta até aqui. O menino teve que passar por uma verdadeira revolução, ou melhor, usando a expressão do candomblé, uma grande iniciação para conseguir retirar de si o melhor, após passar pelos três aspectos constituintes do ser, a unidade biopsicossocial: ori (nascendo no seio de sua família e indo para o mundo), egum (transitando de cidade em cidade para conseguir emprego) e orixá (no meio da mata com seu cachorro). Ao aprender, com suas próprias dores, a vencer a si mesmo e adquirir a sabedoria para lidar com as chagas do mundo, sua voz interior, seu orixá, o conclama a retornar para aqueles que o rechaçaram e curá-los. E assim ele fez...

Um dos principais, se não o principal, detentor dessa sabedoria do axé é o pai ou mãe de santo. De alguma forma, todos dessa classe sacerdotal promovem um profundo sacrifício para curar seus filhos e filhas de santo, bem como a clientela que bate à sua porta. Lembrando que, para o candomblé, a doença do corpo físico é um ponto importante, porém ocupa apenas um de quatro setores. O segundo setor é dado quando o corpo adoece também por questões afetivas. Sejam as querelas familiares ou com amigos, sejam problemas sexuais de ordens variadas, as emoções interferem diretamente na comunicação entre os espíritos e, por consequência natural, os seus respectivos corpos.

A falta de dinheiro ou os problemas ocasionados por ele também representam uma doença grave (terceiro setor) para o ser espiritual, que repercutirá em seu corpo. O capitalismo, como é exercido hoje, é um grande produtor de doentes. O desemprego é uma chaga social, assim como a falta de comida à mesa. Como é possível imaginar uma sociedade feliz e saudável, que possua moradores de rua, miseráveis de toda a sorte? Impossível para o candomblé. Inspirado em Adela Cortina (2017), que desenvolveu o conceito de aporofobia como aversão aos pobres, o candomblé não faz movimento contra os ricos. Pelo contrário, o candomblé aprecia tanto os ricos que deseja que essa seja a condição de toda a sociedade: uma sociedade onde todos sejam ricos, e não apenas alguns. Algo a se pensar...

Ao final, é possível constatar o quarto setor, que de alguma forma, para o candomblé, sintetiza todos os citados: a saúde espiritual. Existem coisas que estão além do dinheiro, do amor e da saúde física... É aquilo que não percebemos com os nossos sentidos, mas tocamos com a alma. A saúde espiritual trata dessas questões e pode ser medida pela maior quantidade de axé que possuo e troco, harmonicamente, com os outros e o meio no qual estou inserido. Quanto mais axé produzido, multiplicado e distribuído, mais saúde espiritual, sempre em uma perspectiva cíclica, pois o axé é o grande ciclo da vida.

É possível retomar o oriqui de Oiá citado: "Oiá se fez presente na casa incandescendo brilhantemente com seu corpo; Oiá fez um grande barulho, varando a casa como se fosse um raio, cortando-a; mulher de grandes virtudes, encantou a casa com sua sensualidade e sabedoria. A Oiá saudamos para conhecê-la mais". Oiá representa a própria

Encontro com o corpo

liberdade do corpo. Senhora de si mesma, ela age conforme sua vontade, quando e como quiser... Usa o corpo com sabedoria, abrangendo desde questões sexuais até, principalmente, os grandes prazeres da vida. São prazeres perenes, que nunca cessam. A alegria do espírito, a alegria do orixá.

Em um outro mito, foi Oiá que, ao dançar com Omulu, que estava com o corpo todo coberto de palha para que ninguém observasse suas chagas, fez as palhas esvoaçarem e todos reconhecessem a real beleza de Omulu, sua verdadeira face divina... Oiá fez isso com seus ventos, limpando toda a hipocrisia, toda a maledicência sobre os outros e seus corpos, permitindo que sejamos felizes do jeito que somos e ponto. Só isso basta. Por isso, o corpo de Oiá brilha como um raio. Por isso, Oiá nunca está parada. Ela representa o próprio corpo do candomblé. Do seu ventre nasceram os gêmeos Ibejis, orixá cultuado no candomblé. A expressão "Ibejis" refere-se literalmente a "gêmeos" e designa uma divindade do panteão africano que simboliza a dualidade de duas crianças gêmeas. De acordo com os mitos africanos, os Ibeji são filhos de duas importantes divindades, Oxóssi e Oiá (também conhecida como Iansã), e foram criados sob os cuidados de Oxum. Essa narrativa não apenas enfatiza a conexão familiar entre as divindades, mas também destaca a importância dos gêmeos na cultura africana, onde eles são frequentemente associados a bênçãos, proteção e equilíbrio (Carneiro, 2017, p. 52).Oiá ergue em uma mão a sua espada, que defende contra os inimigos de sua comunidade, e na outra o eruquerê, uma haste que carrega uma cauda de búfala, mas que também pode ser de boi ou cavalo, que afasta os espíritos malfazejos de volta para o mundo dos mortos. Com seu movimento, sua dança irrompe pelos nove oruns, fazendo todos se ajoelharem em respeito ao seu poder. Tinha que ser ela, Oiá, a fazer valer a vontade de Olodumare e sacralizar todos os corpos de seus filhos e adoradores. Eparrei Oiá!

Na tradição cristã

*"Porque sabemos que toda a criação geme e
está juntamente com dores de parto até agora.
E não só ela, mas nós mesmos, que temos as primícias do espírito,
também gememos em nós mesmos,
esperando a adoção, a saber, a redenção do nosso corpo"
(Romanos 8.22-23).*

Para a teologia cristã, um aspecto de fundamental importância, mas quase sempre relegado a planos inferiores e desvalorizado, é o encontro com a corporeidade e a sexualidade. Ele é revelador de uma espiritualidade autêntica se for expresso na valorização dessas dimensões como expressões e elementos que dignificam a vida e a fé.

A teologia cristã latino-americana possui enorme lacuna nesse campo. Historicamente, as igrejas cristãs, quando não ocultaram de suas agendas tais preocupações, desenvolveram, por diversas motivações ideológicas, práticas cerceadoras e punitivas. Nossa consideração é que, por diversos fatores, os temas relacionados à sexualidade humana ganharão destaque nas próximas décadas nos círculos teológicos e eclesiais. As instituições teológicas e as igrejas precisarão refletir e responder às questões e demandas que surgirão nessa área, em especial a da homoafetividade. Isso se dará pelo fato de um número crescente de cristãos, incluindo pastores, pastoras, padres e demais lideranças eclesiais, assumirem a homoafetividade e terem seus ministérios reconhecidos. Tal reflexão será tensa e poderá gerar divisões nas instituições de educação teológica e nas igrejas, por isso precisa ser feita com profundidade.

A visão bíblica que sustenta a visão integral do ser humano reafirma que corpo e alma não são realidades separadas. Como sabemos, a visão bíblica a respeito do ser humano é integral, holística e não separa, por exemplo, dualisticamente o secular e o sagrado, ou o corpóreo e o espiritual. Nas visões ocidentais que sofreram influência de certas filosofias gregas de caráter neoplatônico prevaleceu uma ênfase antropológica dicotômica, com as separações corpo e alma, material e espiritual, chegando a crer que a morte é a libertação que a alma tem do corpo. Ora, essas visões diferentes geraram um grande conflito no cristianismo, em especial pela desvalorização do ser humano em sua totalidade, fruto da antropologia dicotômica grega.

A visão bíblica acerca do ser humano possui uma dimensão concreta que valoriza a história, a experiência e a dimensão da corporeidade humana, ao contrário da visão abstrata, idealista e especulativa de certas correntes filosóficas do mundo grego. Compreendemos a valorização da corporeidade como um imperativo bíblico. O ser humano, compreendido como graça, não pode ser visto meramente como *sarx* (o ser humano em sua debilidade), mas também como *soma* (dimensão física-corpórea do humano) que o ativa e mobiliza para a vida. A valorização do corpo pela fé cristã constitui-se em um elemento teológico que se difere frontalmente das concepções religiosas correntes no cristianismo (e fora dele) que associam o corpo ao pecado. O encontro do humano com as dimensões de sua corporeidade e sexualidade representa especial fonte de espiritualidade.

Na fé cristã, a encarnação de Cristo, por exemplo, é a afirmação de que o corpo é bom e que a matéria, a humanidade e a história são igualmente boas. A igreja é compreendida como o corpo de Cristo, o humano é o templo do espírito, e deus está em tudo, e tudo está em deus (*panenteísmo*). Jesus, em sua humanidade, nos leva à divindade, como revela a conhecida expressão: "humano assim como Jesus só sendo divino mesmo!" Ele, gerado no ventre de Maria, feito da poeira cósmica como os humanos, aprendeu a andar, a falar, a amar a deus e a realizar sua vontade no mundo. A encarnação é um enraizamento no cosmo, um ato de limitação no tempo e no espaço, um esvaziamento (*Kenosis*). Jesus nasceu judeu, morreu sob o poder de Pôncio Pilatos, e sua ressurreição redimensiona o tempo e o espaço, pois "Cristo é tudo em todos" (Colossenses 3,11), evoluindo ao superar divisões e preconceitos, e alcança uma dimensão cósmica, "pois nele foram criadas todas as coisas" (Colossenses 1,16).

O espírito trouxe Jesus de volta da morte, dá origem à igreja, valorizando aí a memória da vida concreta de Jesus na história (Atos 2,32) e possibilitando que os seres humanos sintam o entusiasmo e a exuberância da vida e possam compreender a variedade de dons, de experiências e de energias que sustentam a existência. "A manifestação do espírito é dada a cada um, para que for útil" (I Coríntios 12,7). Portanto, a dimensão espiritual não está em contraposição ao material, ao corpóreo e ao histórico; ela se expressa nesses aspectos e os redimensiona e os ressignifica em amor. A espiritualidade possibilita o encontro com deus em sua própria casa: a natureza e a vida humana.

Há outros aspectos que representam desafios importantes no debate do pluralismo religioso: o conceito de salvação e a questão do monoteísmo. A concepção da salvação entendida como cura e doação de vida relativiza uma série de mitos de origem sobre o pecado e a culpa, em que grande parte da culpa foi histórica e ideologicamente atribuída à mulher. A crítica – e mesmo, a ruptura – com a visão agostiniana do pecado original faz com que a teologia tradicional da salvação perca o sentido. A salvação, não mais ligada a uma cristologia da reconciliação do humano contra seu estado inicial de pecado, mas, sim, contra o pecado estrutural, ganha novo sentido. A dimensão salvífica passa a estar ligada à cura, à elevação da autoestima, à doação de vida, à acolhida no seio da comunidade. Dessa forma, a teologia cristã teria condições de ser mais fiel a seus princípios de igualdade de todos os seres humanos, de ter a comunidade fundamentada na justiça e na paz e de expressar o poder divino como representante do amor em sua plenitude.

De forma similar está o tema do monoteísmo, uma vez que foi canalizado para uma imagem sempre masculina de deus. Inclusive tornou-se um "golpe" contra as culturas ancestrais que possuíam a crença em divindades femininas e que, por isso, empoderavam as mulheres. O monoteísmo afetou a vida das mulheres ao acabar com a bissexualidade da divindade e assim afastar as mulheres da natureza divina.

Também introduziu um dualismo entre corpo e espírito, humanidade e natureza, deus e o mundo. Uma espiritualidade centrada em uma deusa possibilita uma reflexão a partir da realidade corporificada no cotidiano, tanto nas dimensões de prazer como nas de dor, vivenciadas pessoal ou coletivamente. Dessa espiritualidade surgem as possibilidades de afirmação do corpo, tanto em seu poder erótico como em seu poder criativo de dar a vida e de ser fonte de cura.

A reflexão teológica sobre corporeidade, sexualidade e prazer tem seu histórico na contribuição singular e efetiva das teologias feministas, sobretudo as formuladas no contexto latino-americano. Nossa compreensão é que toda e qualquer reflexão teológica em torno desses aspectos deve se iniciar com um tributo ao salto qualitativo e crítico dado pelas teologias feministas nessa reflexão, sempre acompanhadas de indicações políticas concretas feitas pelos movimentos feministas. Por variadas razões, em nossas reflexões, temos enfatizado as elaborações feitas por Ivone Gebara e Marcella Althaus-Reid. Ambas enfatizam a concepção de que as definições acerca do corpo e das práticas sexuais, explícitas ou não, vivenciadas num contexto libertador de prazer, autenticidade e afeto ou em formas sublimadas, repressivas e violentas, são materiais constituintes e definidores da realidade e da conexão dela com a vida em geral, em seus aspectos políticos, antropológicos e cósmicos.

O movimento feminista na sua diversidade foi e é um movimento de "direitos humanos" e se pauta fundamentalmente por uma agenda de direitos a partir do *corpo* como realidade singular e plural em busca de liberdade. Dizer corpo significa dizer, nos feminismos, direito dos corpos. Todas nós vivemos, nos movemos, trabalhamos e amamos como corpos. O feminismo é um olhar específico a partir do corpo e para o corpo das mulheres, um olhar crítico em relação aos lugares que ocupamos, às obrigações que nos impuseram e aos sonhos que nutrimos. Por isso, questões relativas à sexualidade, à maternidade voluntária, à luta contra a violência doméstica e à liberdade de opção sexual são reinvindicações culturais, políticas e sociais que vislumbram outro tratamento e outra compreensão filosófica de nossos corpos (Gebara, 2017, p. 10).

Algo similar devemos dizer no tocante à *teologia queer*, que possui também em Marcella Althaus-Reid e, mais recentemente no Brasil, em André Musskopf uma original contribuição. *Queer* é uma categoria inclusiva de todas as sexualidades não heterossexuais. A teoria *queer* relaciona vários aspectos da vida social, inclusive setores não pensados como sexualizados, como, por exemplo, a economia e a política. Althaus-Reid e Musskopf falam a partir de lugares específicos, no caso a diversidade homossexual, mas também a partir de outras vivências de superação da subalternidade, o que lhes confere legitimidade e autenticidade à reflexão efetuada. As reflexões que fazem realçam como a teologia é um espaço ocupado, predominantemente, pela rigidez do patriarcado e da heteronormatividade e que pouca ou nenhuma visibilidade tem sido dada às mulheres, às pessoas do grupo LGBTQIA+ e à maneira como ambas vivenciam as experiências religiosas.

É importante refletir não somente acerca da valorização do corpo como fonte de prazer, mas também sobre a crítica ao controle dos corpos, sobretudo os das mulheres. Aqui reside uma dupla crítica. A primeira, aos elementos ideológicos, sociais e religiosos que anteriormente demarcavam o controle dos corpos femininos e que, em boa medida, se mantêm hoje, especialmente nas estruturas eclesiásticas. Ao lado disso, está presente uma segunda e atual visão:

> Agora a mesma ideologia transforma-se em tecnologia, dando-nos uma forte sensação de liberdade, sobretudo para as mulheres de classe média, e envolvendo-nos em novas malhas de submissão. Em outros termos, parece que a sociedade nos liberta de muitos incômodos e embaraços próprios da condição feminina, e a propaganda anuncia a chegada de nossa libertação. Mas, cada vez mais, nos damos conta de que a forma anterior e a nova são irmãs nascidas do mesmo projeto mecanicista e dualista, nutrido pelo capitalismo. As conquistas positivas continuam, [porém] ameaçadas por essa espécie de reducionismo da vida humana ao lucro e ao consumo (Gebara, 2010, p. 92-93).

O esforço da teologia feminista da libertação em buscar imagens femininas de deus está centrado na expressão da fé em uma divindade que esteja preocupada com as situações de opressão e violência que marcam a vida de parcelas consideráveis da população, especialmente mulheres. Tal divindade, despida de androcentrismos e as consequentes formas de patriarcalismos e sexismos, promove a cura, valoriza o corpo, a sexualidade, o cuidado e a proteção da natureza com uma consequente responsabilidade ética pela criação. Aliás, tal perspectiva estabeleceria saudáveis conexões com as religiões indígenas e africanas, uma vez que elas possuem imagens divinas menos autoritárias, mas que habitam ou se revelam no meio da comunidade, baseiam-se em uma inter-relacionalidade, solidariedade e maior respeito às pessoas e à natureza.

ENCONTRO
humano-divino

A perspectiva cristã

> *"[...] o espírito do Senhor é sobre mim,*
> *Pois que me ungiu para evangelizar os pobres.*
> *Enviou-me a curar os quebrantados de coração,*
> *A pregar liberdade aos cativos,*
> *E restauração da vista aos cegos,*
> *A pôr em liberdade os oprimidos,*
> *A anunciar o ano aceitável do Senhor"*
> *(Lucas 4,18-19).*

A fé cristã, diante do pluralismo, sente-se desafiada por diferentes e variadas razões. As interpretações sobre o valor do pluralismo podem variar dependendo da visão filosófica e religiosa que se tem. O pluralismo pode ser visto como algo que prejudica a fé e que deve ser extinto ou combatido, assim como pode ser compreendido como elemento promotor e fortalecedor da fé.

Diversos setores sociais, eclesiais e acadêmicos têm sido cada vez mais desafiados pelos temas relativos à religião, especialmente pelas tensões entre a racionalidade moderna e a emergência das subjetividades que marcaram o desenvolvimento do pensamento no final do século XX em diferentes continentes. A explosão mística e religiosa vivenciada no final do século XX e na primeira década do XXI em diferentes continentes e contextos socioculturais revela, entre outros aspectos, um esgarçamento da razão moderna como doadora de sentido para a humanidade.

Décadas atrás, Maria Clara Bingemer (1990), que tem dedicado muitos esforços para a compreensão do fortalecimento das experiências religiosas naquilo que ela por diversas vezes chamou de "sedução do sagrado", ressaltou:

> Insatisfação, vazio, desencanto, são sinônimos de vulnerabilidade, fragilidade emocional. E essa vulnerabilidade é terreno fértil para a sedução, que pode vir como sedução do Sagrado. [...] Nossas igrejas, com seu aparato institucional, sua hierarquia solidamente estruturada, seu bem preciso código de ética, suas liturgias pouco ou nada participativas parece que perderam sua capacidade de sedução [...].

Bingemer (1990), com base na doutrina cristã sobre o Espírito Santo (pneumatologia), que é a força que leva a comunidade a se unir e agir na sociedade, estruturou sua reflexão sobre o diálogo inter-religioso quando integrou um dos marcos desse tema no Brasil, que é a obra organizada por Faustino Teixeira *Diálogo de pássaros: nos caminhos do diálogo inter-religioso*. Nela, a autora indicou "a pneumatologia como possibilidade de diálogo e missão universais" ao destacar que a salvação é um dom do espírito para toda a criatura e que a presença do espírito de deus dentro dos seres humanos "altera e afeta suas mais profundas e essenciais categorias antropológicas constitutivas, subvertendo radicalmente os fundamentos do seu ser" (Bingemer, 1993, p. 114).

Uma década depois, ao reforçar essa visão, Bingemer insiste no mistério da revelação e no valor da pluralidade. O primeiro, ao indicar, seguindo as trilhas do pensamento de Santo Agostinho, "que é impossível entender, captar completamente o Deus Uno e Trino da nossa fé. Mas é possível, sim, conhecê-lo na medida em que ele mesmo revela seu Mistério aos sedentos e amorosos que o buscam" (Bingemer; Feller, 2003, p. 14-15). O segundo, a pluralidade, por entender que não se trata de mera questão de diferenciação humana, mas, sim, uma percepção de que sistema algum pode se pretender como tendo respostas absolutas e que abranjam toda a realidade, pois qualquer discurso com pretensões à universalização e à totalização é redutor, inadequado e gera indiferença e desencantamento.

Embora haja nexos entre violência e religião, herdados de longas tradições culturais e religiosas e que ainda marcam os tempos atuais, há, não obstante a isso, elementos dentro das próprias dinâmicas e conceituações religiosas que são geradores da paz. Ligada a essa postura está a dimensão ética. Para as religiões monoteístas, que têm como base a revelação e o caráter profético, "a incondicionalidade e universalidade das exigências éticas é o Incondicional que se revela e faz presente em todo o condicionado, o Sentido último e radical do homem, ao qual chamamos deus" (Bingemer, 2004, p. 13). A divindade amorosa que busca redimir a humanidade é o balizador ético que impulsiona a todos e a todas fazerem o mesmo ato redentor.

A pluralidade religiosa tem sido vivida nas tensões tanto em relação ao processo de secularização como em relação à convivência conflitiva das diferentes religiões. O pressuposto é que a vivência atual, bastante distinta das gerações passadas, tem sido estabelecida nos entrelugares interativos que, por um lado, são marcados por formas de ateísmo, de descrença e de indiferença religiosa e, por outro, pelo fortalecimento e reavivamento de várias experiências religiosas, novas e tradicionais.

Uma das questões que se apresenta é se a secularização é inimiga ou amiga da fé. Para respondê-la, podemos lembrar que no próprio contexto da fé judaico-cristã já se encontra uma interface com uma visão "mundana do mundo", em que a experiência religiosa não se impõe como compreensão unívoca, mas dirige-se a uma emancipação do ser humano em relação à religião. Isso se dá de variadas formas, como, por exemplo, o valor da dimensão humana e histórica no processo de encarnação, o plano das lutas pela justiça e pelos direitos que, mesmo sendo sagradas, são travadas na secularidade, a importância da criação que, embora tenha uma interpretação religiosa, pois é de deus, possui a sua realidade terrena, imanente. Trata-se de uma interpretação positiva dos processos de secularização que veem a emancipação humana não como o "crepúsculo de deus", mas como reforço ao que já está engendrado na revelação bíblica (Bingemer, 2001).

Na mesma direção, perguntaríamos se a emancipação humana significaria o crepúsculo de deus, o que nos levaria a uma face negativa que o contexto de modernidade e secularização produziu, uma vez que esses contextos,

> [...] embora pretendam emancipar-se de toda e qualquer divindade imposta e/ou institucionalizada, criam os seus próprios deuses, diante dos quais é obrigatório curvar-se

e a cujas leis se deve obedecer. Alguns desses novos deuses constituem verdadeiras idolatrias que interpelam profundamente a fé trinitária (Bingemer, 2002, p. 303).

Residem aí a "vendabilidade" de todas as coisas, que é o deus mercado, o culto à personalidade, o progresso visto como primazia em relação ao humano, o utilitarismo nas relações humanas e o poder e o prazer desprovidos de alteridade e de sentido. Dessa forma, tanto os processos modernos de emancipação humana como as experiências religiosas podem se encontrar na busca de caminhos frente à vulnerabilidade das pessoas e de grupos diante desses novos deuses e ídolos, ou também frente à perplexidade que o novo e complexo quadro religioso apresenta.

> A adesão à fé é, sem dúvida, uma escolha livre. Mas essa escolha comanda toda experiência religiosa e toda teologia cristã autêntica. E a fé em Jesus Cristo não é fechada, mas aberta; não é mesquinha, mas possui dimensões cósmicas. A teologia das religiões da humanidade que a fé em Jesus Cristo funda estabelece, na escala do cosmo, uma maravilhosa convergência no mistério do Cristo, de tudo que deus em seu espírito realizou ou continua a realizar na história da humanidade (Bingemer, 2002, p. 318-319).

Diante destas e de outras questões, podemos perceber traços de uma sacralidade para os tempos difusos e confusos em que se vive hoje.

> Interpelada por essas múltiplas interfaces, a experiência mística tal como o cristianismo a entende, no fundo não é senão a experiência do amor e da caridade que revolve as profundezas da humanidade pela presença e pela sedução da alteridade. Quando a alteridade é a religião do outro,

há uma interface a ser explorada e todo um caminho a ser feito em direção a uma comunhão que não suprima as diferenças, enriquecedoras e originais, mas que encontre, na sua inclusão, um "novo" no qual se pode experimentar coisas novas suscitadas e propiciadas pelo mesmo deus (Bingemer, 2002, p. 320).

Nossa pressuposição é que a perspectiva trinitária da fé cristã é de vital importância para se construir uma visão de paz, de diálogo, de respeito mútuo e de participação conjunta. Referimo-nos ao deus relacional, que "não cabe em si", que se revela e se transborda. Com isso, é possível questionar a visão de um deus[1] absolutista, tão comum na história da Igreja e nos dias de hoje.

Há uma necessária distinção entre o deus absolutista e o deus bíblico. Este último é amor, portanto somente pode ser compreendido nas relações concretamente estabelecidas, na alteridade da vida e nas experiências reais de aproximação de pessoas, grupos, comunidades e natureza. Deus escuta o clamor de seu povo (Êxodo 3). Ele se entristece com o sofrimento, está ativo no mundo, presente na história. O fato de Ele ser absoluto não anula o ser humano ou retira dele a liberdade. Nisso, a perspectiva judaico-cristã de deus é radicalmente diferente da do deus absolutista, isolado e fechado nele mesmo. Por isso, a fé cristã afirma que deus é trino. Ele é, em si, relação. E tal relação é de amor – Pai, Filho, Espírito. Fora do sentido de comunhão não há deus. Portanto, não podemos compreendê-lo se não estivermos em comunhão com a criação, que compreende os seres humanos e o cosmo (Boff, 1986).

---

1 Aqui grafado intencionalmente com letras minúsculas.

É comum encontrarmos pessoas e grupos que querem conhecer deus em uma perspectiva meramente intelectiva, na leitura de livros e na elaboração de trabalhos científicos. Qualquer pessoa do ambiente acadêmico jamais afirmaria como algo negativo ler livros e se aprofundar nas reflexões teóricas e acadêmicas, pois trata-se de algo importantíssimo e fundamental para a teologia e para as outras áreas do saber. Todavia, na visão da espiritualidade bíblica, não é este o caminho fundamental que levaria as pessoas a uma compreensão mais apurada de deus, do seu amor e da vontade Dele para o mundo. Se as pessoas e os grupos não estabelecerem relacionamentos concretos de amor e respeito à vida, não conhecerão deus autenticamente.

Também é comum encontrarmos pessoas e grupos que, no desejo de conhecer melhor deus, isolam-se dos relacionamentos, procuram uma vida etérea e distante das realidades concretas da vida, distanciando-se de pessoas e grupos, considerando que, dessa forma, vão conhecê-Lo melhor. Mais uma vez, enfatizamos que os relatos bíblicos da criação mostram que o caminho para se conhecer a vontade de deus é se relacionar com outros seres humanos, com a natureza e com toda a criação, se colocando ativamente na história, na realidade concreta da vida, com suas ambiguidades, demandas, esperanças e seus percalços.

De maneira similar, podemos conhecer pessoas e grupos que consideram que o caminho para conhecer melhor deus e seu amor é o caminho religioso. Não se trata de desvalorizar as experiências e atitudes religiosas. A oração, o jejum, a leitura dos textos sagrados, a participação eclesial e demais práticas similares são experiências religiosas importantes para a fé cristã e para a vida, mas elas, pelo menos quando realizadas de maneira isolada e unilateral, não necessariamente cooperam para que as pessoas conheçam profundamente deus. A fé cristã fundamenta-se no fato de que, para conhecer deus, é preciso ter o conjunto de relacionamentos anteriormente descritos, ou seja, dentro da tradição bíblica, deus se revela na vida, no concreto, na expressão mais viva do amor e da solidariedade humana.

A forma trinitária expressa na unidade do Pai, do Filho e do Espírito Santo representa uma relação de comunhão entre deus e o mundo por Ele criado. O correspondente antropológico é o questionamento às teologias centralistas e hierarquizadas que veem o ser humano como "senhor" e "proprietário" (em uma relação unilateral de domínio), com o respectivo reforço a uma visão de participação (relação variada e multiforme de comunhão) entre deus, o cosmo e o ser humano.

A concepção trina de deus, com sua respectiva visão dialogal em si mesmo a partir do relacionamento, não isento de tensões, entre o Pai, o Filho e o Espírito, torna-se o modelo social por excelência que reforça a alteridade, o diálogo e a comunhão. A criação é um ato trinitário e é compreendida na dimensão de comunhão e de participação.

A experiência comunitária e relacional própria da Trindade, uma vez percebida e assumida como valor, possibilita relacionamentos igualitários nas comunidades e em demais agrupamentos humanos. As reflexões teológicas e as práticas pastorais firmadas na concepção trinitária possibilitam a compreensão da importância do outro na sinalização do Reino e na valorização da criação. Esse empreendimento se dá em comunidade, e não em relações hierarquizadas ou no individualismo (Boff, 1988).

A Trindade vive e se move em uma interpenetração de pessoas e grupos. Na comunidade, essa experiência é vivenciada quando o ponto de partida são os relacionamentos nos quais o outro é importante e alguém a ser cuidado e/ou valorizado. A exemplo da relação trinitária, a individualidade nas relações sociais não é dissolvida, e sim colocada a serviço do outro. A atuação pastoral, dentro dessa visão teológica, deve valorizar, ressaltar e partir das compreensões comunitárias que extrapolam a dimensão individual e levam a vivência da individualidade no coletivo e na dimensão cósmica.

Como suprarreferido, a ênfase teológica que enfatizamos em nossas reflexões é a de que deus é amor. É fato que, diante dessa afirmação, talvez alguns pudessem questionar se estamos diante de uma reflexão teológica consistente ou se estamos diante de uma mera e rasa pregação religiosa, uma vez que é senso comum afirmar que deus é amor. Pode ser que chegue a parecer banal reafirmar que deus é amor. No entanto, as teologias contemporâneas mais apuradas, tanto no contexto europeu como no norte-americano e nos demais continentes, se pudessem resumir aspectos da profundidade de suas reflexões teológicas, iriam partir ou valorizar a expressão "deus é amor".

Se deus é amor, isso significa que nas comunidades as pessoas não podem ser excluídas. Se deus é amor, isso significa que pessoas, grupos e instituições precisam se inquietar e se perguntar sobre os sofrimentos que se abatem sobre a vida humana e cósmica. A fé cristã não permite que simplesmente se aliene de tais questões ou mesmo que se afirme, ideologicamente, que o sofrimento e a dor no mundo são devidos à falta de fé das pessoas que sofrem.

Trata-se de uma relação intrínseca: não se pode separar o amor de deus da realidade da vida em seus aspectos sociais, políticos, econômicos e culturais. A fé cristã, vivida com uma base teológica densa e profunda, em diálogo com as ciências e as demandas da sociedade em geral, vai reafirmar a visão de que deus é amor e que, por essa razão, não se pode destruir ou desvalorizar o outro, ainda que esse outro tenha pensamento, comportamento ou religião diferentes. Essa é a consequência concreta da fé bíblica no deus trino que é amor.

A teóloga Ivone Gebara (2010) remonta tradições no contexto da fé cristã em que as mulheres, ainda que sem a visibilidade histórica e institucional, protagonizaram, dentro da tradição de Jesus de Nazaré, movimentos de contestação à ordem e à lógica hierárquica e de não aceitação da submissão aos homens. Trata-se de uma espiritualidade distinta e singular.

> É preciso, entretanto, reconhecer que é pena que esta tradição nem sempre seja escrita para testemunhar no futuro as ações do presente. Mas, é inegável que são estas ações que mantêm viva a chama do amor, a luz da justiça e da esperança. É esta a tradição que renasce nos corações humanos e que lhes lembra que junto ao coração de pedra palpita também um coração de carne, misericordioso e solidário. A sustentação da vida acontece a partir das ações pequenas, das iniciativas diárias de pessoas sem expressão social reconhecida (Gebara, 2010, p. 34).

Tal visão está associada a uma revisão das imagens androcêntricas de deus e as linguagens sobre "Ele" que historicamente estão ligadas a práticas de dominação. Gebara

(2010) se refere a um *mistério maior* que no processo de evolução da vida nos cria e recria. Portanto,

> Não devemos obediência a um ser todo-poderoso, manipulável pelos poderes imperiais masculinos deste mundo que usam e abusam desse poder para fazer valer seus modelos, seus privilégios, sua prepotência, suas paixões e seu elitismo. Queremos ser obedientes à sabedoria de vida que se expressa em múltiplas descobertas e está presente em nossa tradição evangélica de fazer o pão e partilhá-lo, de cuidado com o faminto e o sedento, tradição de assumir a causa da viúva, das crianças, dos estrangeiros e prisioneiros (Gebara, 2010, p. 155).

Olhar a fé de forma diferente, como tal empreendimento teológico se propõe, nos leva a repensar a salvação. Gebara (2010) vislumbra o processo de salvação pela transgressão à ordem estabelecida. É fato que a compressão da transgressão como salvação se assenta sobre um conceito dúbio, pois depende do ponto de vista dos que transgridem e dos que julgam a transgressão, contextos sempre marcados por relações de poder. No entanto, para Ivone Gebara (2010, p. 161),

> na tradição de Jesus de Nazaré é esta a perspectiva que é vivida e ensinada. Transgride-se a lei para salvar a vida, visto que a lei maior é a manutenção da vida. A pergunta é inevitável: que vida se quer manter? É possível manter todas as vidas? Quem decide pelas vidas que se quer manter?

Estamos, portanto, diante de uma dimensão concreta, e não especulativa, da fé. É salvar a vida em sua concretude e realização. Espiritualidade é o profundo respeito por todos os seres criados e a preservação da vida; trata-se de aprender a acolher a interdependência vital que caracteriza o Universo e nos faz viver; é a educação pessoal e comunitária para valores de convivência. "Assim, a partir do resgate da experiência primordial do sagrado feminino, no qual mulheres e homens se incluem, passamos a falar de salvação com um significado histórico situado. A salvação da qual necessitamos se traduz nas pequenas ações e gestos que nos ajudam a viver" (Gebara, 2010, p. 49).

Nessa perspectiva, a relação "pessoa e comunidade" adquire uma nova consciência. Trata-se de uma ética ecofeminista que em seu interior delineia uma espiritualidade.

> O compromisso com a minha felicidade pessoal implica em uma busca da felicidade coletiva. Por isso, as discussões entre diferentes grupos, a escuta de suas prioridades e sonhos tornam-se cada vez mais necessárias. Entretanto, ouvir e abrir o diálogo não significa que é preciso chegar à aceitação das ordens ou das propostas de um único grupo. A discussão faz crescer o consenso comum sobre os caminhos mais viáveis para se manter a vida íntegra de todos e todas. Aprendemos em conjunto um novo jeito de viver em conjunto, reconhecendo as dificuldades e as ambiguidades de nossos passos (Gebara, 2010, p. 32).

Acentuam-se, nesse caminho espiritual, novas visões sobre democracia, relações interpessoais e coletivas, processos de aprendizagem e formas ecumênicas de ver a vida.

A perspectiva do candomblé

*"Òsùmàrè ó dé wa lé Òsùmàrè
Ó dé wa lé o ràbàtà, ó dé wa lé Òsùmàrè.[2]
Oxumarê está em nossa casa, o deus que se faz arco-íris
O deus do arco-íris é imenso e preencheu a nossa casa,
Oxumarê chegou a nossa casa."*

O encontro humano-divino é o lugar do presente texto, que permite afirmar uma constatação paradoxal. É algo tão fácil e, ao mesmo tempo, tão difícil de escrever e de registrar na ótica do candomblé. Talvez porque são questões humanas e divinas (no plural) que mais falam ao espírito de quem pratica o candomblé. Uma chave central, justamente a partir disso, é a experiência, a tal da "coisa vivida".

Quer saber como ocorre o encontro entre o humano e o divino? Simples: viva a vida intensamente! Assumindo

---

2 Em uma tradução literal: "O deus do arco-íris (Òsùmàrè) chegou à nossa casa. deus do arco-íris. Ele chegou à nossa casa e é imenso (gigantesco). Ele chegou à nossa casa, o deus do Arco-íris" (Oliveira, 2012, p. 88).

essa abordagem como verdadeira, ou seja, se é tão simples assim, por que seria difícil escrever sobre isso? O ato de escrever torna o seu conteúdo naturalmente datado e contextualizado. Por exemplo, recentemente, os autores passaram por uma pandemia sem precedentes do Covid19, em que o Brasil e o mundo enfrentaram graves problemas de saúde pública, certamente, o olhar sobre a dimensão da vida e do contato com o divino foi profundamente influenciado por esse contexto.

Por outro lado, ficar no campo metateórico da divindade pode afastar essas questões locais ou de contingências, mas também pode recair na cilada de querer ser "mais real que o rei", como diriam os mais velhos. O encontro com o divino em si pode e deve ser pensado de forma adimensional e atemporal, porém esse conjunto se manifesta no espaço-tempo, no aqui e agora.

Mais uma vez, a sabedoria de terreiro apresenta possibilidades de discussão do tema com respeito à sua complexidade, propiciando uma reflexão. Exu é o senhor das probabilidades, das incertezas, por isso os questionamentos podem produzir tanto conhecimento quanto respostas. E no ato de perguntar aos deuses e deusas africanos, o movimento traz em si uma valiosa pista do que vai ser escrito agora. Nossas divindades (plural) mostram que são várias as nuances e os meios de contato nesse encontro humano-divino. Assim, cabe uma atenção especial ao mito que será descrito agora:

> **Iemanjá dá à luz as estrelas, as nuvens e os orixás**
> Iemanjá vivia sozinha no orum (a morada dos deuses).
> Ali ela vivia, ali dormia, ali se alimentava.
> Um dia Olodumare (ser supremo) decidiu que Iemanjá

precisava ter uma família,
ter com quem comer, conversar, brincar, viver.
Então o estômago de Iemanjá cresceu e cresceu
e dele nasceram todas as estrelas.
Mas as estrelas foram se fixar na distante abóboda celeste.
Iemanjá continuava solitária.
Então de sua barriga crescida nasceram as nuvens.
Mas as nuvens perambulavam pelo céu
Até se precipitarem em chuva sobre a terra.
Iemanjá continuava solitária.
De seu estômago nasceram os orixás,
Nasceram Xangô, Oiá, Ogum, Ossaim, Obaluaê e os Ibejis.
Eles fizeram companhia a Iemanjá
(Prandi, 2001, p. 204-206).

O termo "Iemanjá" vem do iorubá e significa "a mãe cujos filhos são peixes". Iemanjá representa nesse mito o princípio espiritual gerador que permite a existência de vários deuses e deusas, que são seus filhos e filhas, mas também gera do seu ventre os astros, as estrelas e a nuvem, esta que nada mais é do que o mar e os rios que formam no céu um conjunto visível de partículas minúsculas de água.

A motivação dessa criação está relacionada, nesse enredo, também com o amor, o convívio, a sensação de não estar e ficar solitária. É por isso que no candomblé jeje-nagô existe a fé em um único deus (denominado Olorum ou Olodumare), mas a experiência é coletiva, inclusive, formando um panteão divino. A unidade expressa na diversidade.

O conceito de heterogênese, desenvolvido por Guattari (2012), serve como uma ferramenta valiosa para refletirmos sobre a relação entre os seres humanos e o divino. A heterogênese pode ser entendida como um processo contínuo de transformação que permite que os indivíduos se tornem cada vez mais solidários, ao mesmo tempo em que mantêm suas particularidades e diferenças. Guattari propõe que, em vez de todos se tornarem iguais e homogêneos, é fundamental valorizar a diversidade e a singularidade de cada pessoa. Isso significa que, no contexto das interações humanas, cada indivíduo é único e traz consigo uma combinação própria de experiências e perspectivas. Esse processo de heterogênese implica que, ao se relacionar com o mundo ao seu redor, com os outros e até consigo mesmo, as pessoas estão sempre se reinventando e evoluindo. Assim, a heterogênese destaca a importância das diferenças e das interações entre os indivíduos, promovendo um ambiente onde a multiplicidade é celebrada e enriquecedora.

Além disso, Guattari nos convida a refletir sobre um encontro entre o humano e o divino. Essa proposta sugere que a heterogênese pode ser uma chave para compreendermos a experiência religiosa e a busca por uma conexão mais profunda com o divino. Em vez de estabelecermos uma relação fixa e pré-definida, essa interação se transforma em um processo dinâmico e único, onde cada indivíduo traz suas próprias experiências e sentimentos.

A heterogênese também promove o que ele chama de "ressingularização" do indivíduo, que é um desenvolvimento contínuo da sua singularidade e das suas diferenças (Guattari, 2012). No contexto da espiritualidade, isso quer dizer que a busca por uma relação com o divino não resulta em uma padronização das crenças ou práticas. Pelo contrário, essa jornada permite um aprofundamento da individualidade, onde cada pessoa é incentivada a explorar e expressar sua própria compreensão do sagrado, contribuindo assim para uma diversidade rica e significativa dentro da experiência religiosa.

Por fim, o que está em jogo é a solidariedade e a diferença. Temos então um paradoxo interessante: a heterogênese permite que o indivíduo seja, ao mesmo tempo, cada vez mais solidário e cada vez mais diferente. No encontro com o divino, a singularidade de cada indivíduo é valorizada, enquanto a conexão com algo maior promove a solidariedade e o senso de comunidade. Em suma, a heterogênese de Guattari (2012) oferece uma perspectiva dinâmica e pluralista sobre o encontro humano-divino. Esse processo de "ressingularização" permite que cada indivíduo se conecte com o divino de maneira única, desenvolvendo sua individualidade e, ao mesmo tempo, fortalecendo os laços de solidariedade com a comunidade.

Ao trazer o candomblé para o centro deste debate, é possível observar contínuas ressingularizações do seu adepto ou adepta, sendo o processo – inclusive – ritualizado. Dessa maneira, o ritual chamado xirê, citado em outro momento, pode ser uma boa proposta para abordar o tema. Tocar o divino por múltiplas referências sem a preocupação de estabelecer melhores ou piores formas, apenas o "simples" e profundo contato!

O xirê começa momentos antes do ato litúrgico em si, com a realização de um ritual propiciatório, o chamado padê (que significa "reunião") de Exu. No que diz respeito a esse poderoso orixá, existe uma qualidade, uma característica própria, chamada *enugbarijó*, ou seja, a boca coletiva. Exu fala por todos e todas. Sendo assim, conhece todas as realidades, incluindo a divina. "Sem Exu não se faz nada" é uma expressão poderosa dentro do candomblé. Uma interpretação possível seria que deveríamos observar tudo que Exu observa, não permitindo que existam seres ou coisas invisibilizados, e viver a vida levando em consideração sua diversidade.

Nosso encontro humano-divino se dá pela comunicação, pelo contato e respeito a tudo que existe, a começar por nós mesmos. Sejam as "três ecologias" de Guattari (2012), que englobam nossa existência mental, social e ambiental; seja a unidade biopsicossocial, portanto espiritual, que somos na visão específica do candomblé. Assim, com o padê realizado, a orquestra ritual, composta por três atabaques no terreiro, inicia os toques e cânticos com agô, ou seja, licença, autorização na origem iorubá, da mãe ou pai de santo. Está iniciado o ritual de candomblé, o xirê está em andamento...

Após a louvação de Exu e seu padê, o segundo orixá a ser cultuado em cânticos, danças e muita fé, é *Ogum*, considerado *asiwaju*, "aquele que vai em frente", na origem iorubá. Ogum representa o poder divino de iniciar todas as coisas. O poder de abrir caminhos e vencer demandas. Imagine toda a potência e força física empenhadas numa luta. Essa cena remete ao orixá Ogum. E a luta é muita mais interna e simbólica: vencer a si mesmo, ponto máximo da iniciação.

Além da qualidade de alagbedé, Ogum também é reconhecido como Ogunjá, o poderoso guerreiro que guarda as portas e os caminhos de todo mal de ordem sobrenatural que vão ao encontro de Oxalá. O encontro humano-divino se dá ao alcançar de forma plena os objetivos mais íntimos de sua vida, tendo êxito em vencer as adversidades da vida em seus variados estágios e contextos.

O terceiro orixá é *Oxóssi*. O grande caçador vai para a floresta trazer a comida para seu povo. Esse orixá representa a própria tradição, pois prover sua descendência é questão central na preservação da espécie. Dentro de várias qualidades, podemos citar a de Arolé, que também é uma saudação ao orixá Oxóssi. O que está no lugar mais alto da casa, da terra... Se está nessa posição, apresenta – de fato – um poder incomensurável e faz uso dele para proteger sua família, guardá-la contra todo mal de ordem material e espiritual.

Oxóssi também remete à fartura, tanto monetária como, principalmente, de axé. Se em uma casa não falta axé, a casa é próspera e realiza muito. O contrário é igualmente verdadeiro. Sendo assim, encontrar-se com Oxóssi é fazer do encontro humano-divino a proteção divina, a fartura de bens materiais e espirituais. Mais do que isso, é a certeza de caçar os desafios do destino fazendo perdurar a vitória da comunidade, nunca faltando comida, nunca faltando alimento para a alma.

Um orixá que caminha ao lado de Oxóssi e aparece na sequência do xirê é *Ossaim*. Trata-se do poderoso orixá das folhas e tudo que desdobra na utilização delas. Um mago das ervas que, com sua magia, muda o mundo. Uma das suas qualidades é Aroni. Aquele que tem uma perna só e representa a árvore. Aroni remete aos segredos mais profundos da mata, às questões mais íntimas da folha. Esse ser vivo é testemunha da força do Sol e das estrelas, e todas as energias que recebe devolve para a natureza. Cultuar Ossaim não deixa de ser um culto à natureza e aos seres viventes. Aí está mais uma chave importante. Nesse momento, o encontro humano-divino está na contemplação do meio ambiente sob os aspectos natural e sobrenatural.

A família da palha, como se diz na linguagem do santo, tem em *Obaluaê* um orixá central. Trata-se de uma alusão às palhas que cobre o corpo de Omulu/Obaluaê e faz menção a todos os orixás, na verdade seriam Voduns, quem têm genealogia direta com ele: sua mãe Nanã e seus irmãos Euá, Iroco, Oxumarê e Ossaim. Alguns mais velhos no santo incluem os orixás Oiá e Exu por identidade ao arquétipo dos Voduns de origem jeje que compõem o panteão, porém é uma visão minoritária.

Como dito anteriormente, ele possui a chave da vida, pois conhece todas as doenças do mundo e sabe como curá-las. Um dos orixás mais perigosos e poderosos do panteão afro-brasileiro, ele consegue evocar os sentimentos de temor e adoração em igual intensidade. Seus segredos são verdadeiros mistérios da vida. Por de baixo de suas palhas, carrega o presente de sua mãe adotiva Iemanjá: a pérola. Por isso, ficou conhecido como Jeholu (termo que tem origem iorubá e significa "senhor das pérolas"), algo que simbolicamente diz muito ao filho ou filha desse orixá.

Obaluaê carrega o presente da vida em seu âmago, logo, não há doença social, do corpo, espiritual ou material que consiga vencê-lo. Seu grito para lutar e vencer no mundo é tão alto que é representado pelo silêncio absoluto. Diante do rei da terra (Obaluaê) só resta prestar homenagens em silêncio... O silêncio humano-divino se faz presente nesse encontro.

Iroco é uma divindade cultuada na gameleira branca, árvore considerada sagrada. Ele é frequentemente associado a São Francisco na tradição católica, ao Inquice Tempo na cultura angolana e ao Vodum Loko na cultura jeje. Animais como o bode, o galo e a conquém (um tipo de ave) são sacrificados em sua homenagem. As oferendas de alimentos secos dedicadas a ele incluem acarajé, feijão e caruru. Suas cores simbólicas são o verde-escuro e o vermelho, e seus colares são feitos de contas de louça verde com riscos marrom. Iroco é um orixá de culto restrito e pouco compreendido, assim como Apaocá, o orixá da jaqueira (Prandi, 1991).

Oxumarê acompanha seu irmão. O deus do arco-íris, portanto, representa também a ligação entre as coisas do céu e da Terra. Ele representa as várias riquezas do ser humano social e espiritual, portanto, a fortuna. Trata-se do primeiro babalaô que se tem conhecimento, logo, é sabedor de como desvendar o destino de todos os seres, sendo o patrono do cordão umbilical. Dele depende a conexão entre todas as mães e seus respectivos filhos e filhas que estão sendo gerados.

Oxumarê é representado também por uma grande cobra, o que mostra sua flexibilidade e elasticidade sobre as coisas da vida. Tudo que é alongado e elástico pertence a ele. Não somente questões materiais, mas atributos da personalidade. Oxumarê propicia flexibilidade para viver a vida. O encontro humano-divino é ter um destino afortunado de realizações em todos os níveis, com flexibilidade para entender a vida em suas múltiplas probabilidades e aproveitar o melhor de cada uma delas.

Xangô é o rei de Oió, uma importante cidade africana, e representa a realeza divina. Como poderoso senhor do fogo, Xangô permite que todos os seus fiquem aquecidos com seu amor, ao mesmo tempo em que queima todos os males. Xangô é amoroso, justo e transparente. Não existe melindres ou assuntos mal resolvidos. Sem rodeios, faz prevalecer os fatos como eles são. As questões espirituais, a preservação da comunidade e a felicidade de cada um dos seus filhos e filhas são o que mais importa.

Xangô propicia um real encontro humano-divino. A palavra real aqui tem duplo sentido. Seja real de verdadeiro e transparente, seja real no sentido de nobre, ou seja, um título adquirido pelos serviços prestados e ganhos oferecidos às suas gerações.

Obá é a poderosa orixá do rio Obá e foi uma das esposas de Xangô, o rei do trovão. Seus filhos, aqueles que a têm como protetora, usam colares de contas de vidro vermelho-escuro. As oferendas dedicadas a ela incluem animais como cabra, galinha e conquém, além de alimentos como acará, farofa de dendê e ovos. Obá se veste de branco e vermelho, e seu dia da semana é o sábado. No sincretismo religioso, ela é associada a figuras católicas como Santa Joana D'Arc, Santa Catarina e Santa Marta (Prandi, 1991).

Uma história marcante sobre Obá envolve sua rivalidade com Oxum, outra esposa de Xangô. Obá, buscando o amor exclusivo de Xangô, foi enganada por Oxum e acabou cortando a própria orelha em uma tentativa de agradar o marido. Essa história simboliza a força e a determinação de Obá, mas também alerta para os perigos do ciúme e da possessão. Obá é considerada a protetora das cozinheiras domésticas, pois sua história está ligada ao preparo de alimentos. Ela representa a força e a dedicação presentes no trabalho realizado nos lares. Sua saudação é Obaxirê!, uma expressão que evoca sua força e poder.

Oiá não se faz de rogada e irrompe no xirê com toda sua força, beleza e valência. A senhora dos ventos e dos raios está presente. No que pese sua força viva e única, possui na morte um dos seus reinos. Trata-se da qualidade *Ìgbàlè*, que remete à tradução de ser a senhora da floresta sagrada dos ancestrais. Oiá controla todos os seres que não estão mais vivos, os ditos seres desencarnados numa linguagem mediúnica, mas que seriam eguns no jargão do candomblé.

Oiá é um orixá feminino que estimula valores e características que seriam bem distintos daqueles sugeridos pela cosmovisão mais conservadora judaico-cristã. O sexo, a força de lutar, a capacidade de lidar com as questões de vida e morte e sua sabedoria divina marcam profundamente essa deusa africana. O encontro humano-divino, portanto, se dá na liberdade dos ventos, de ser quem você é, de viver a vida com a intensidade que seu espírito almeja, de vencer a morte, tratando-a como etapa da grande existência, e não como fim de uma era.

O que dizer de *Oxum*? O xirê está caminhando para o fim, mas sua chegada no barracão sempre gera bastante expectativa. A senhora da maternidade é sua representação máxima, e o útero é o símbolo por excelência. Tanto está ligada ao nascimento físico, quando o bebê sai do ventre de sua mãe, como da iniciação, quando uma nova vida se apresenta ao recém-iniciado ou iniciada quando sai do rondemi. Não é por menos que muitos se referem a essa deusa como ialodê, a grande mãe! A deusa do ouro, das pedras preciosas, no Brasil, tornou-se a senhora das águas doces, portanto, da cachoeira e do rio. O amor de Oxum é o atributo divino que ela representa por excelência. Por meio desse amor, a conexão, o encontro humano-divino, é selado de forma irreversível.

O filho de caçador só pode ser caçador. Oxóssi é pai de *Logun Edé*, orixá caçador que também pesca, influenciado por sua mãe Oxum. orixá que segue na sequência do xirê, possuidor de rara beleza, apresenta a estética[3] como

---

3 É importante registrar que a estética na filosofia está para muito além da aparência do que se vê. A título de curiosidade, *estética* vem do grego *aisthésis* e pode ser traduzido, por exemplo, como sensibilidade ou percepção.

seu principal atributo. Importante registrar que a estética na filosofia está para muito além da aparência, do que se vê.

A título de curiosidade, estética vem do grego *aisthésis* e pode ser traduzido, por exemplo, como sensibilidade ou percepção. Sua beleza profunda está em sua alma, pois consegue atrair a atenção de todos e todas não somente pelos encantos de seu rosto e os traços do seu corpo, mas também – e principalmente – pelo afeto de essência. Trata-se do orixá mais belo de todo o universo afro-brasileiro.

Num jogo de palavras, Logun é a ética, estética e estesia do divino. Por ele, tudo que é bom, belo e sagrado faz-se presente. O encontro humano-divino é de difícil, quase impossível, descrição, dada a sensibilidade desse deus africano, cuja presença só pode ser tangibilizada em um átimo de segundo.

Se Iemanjá, Oxum e Oiá são mães, *Nanã* é avó... Normalmente, o povo de santo remete essa qualificação a esse orixá porque ela é uma das mais velhas do panteão jeje-nagô. Nanã é Nanã. Algo estranho para quem não é do candomblé, mas que diz tudo para quem vive o terreiro. Ela emprestou a lama que forma o nosso corpo, ela domina os eguns, portanto, o reino dos mortos e os reinos das memórias ancestrais... Nanã viu e vê tudo que os seres humanos fizeram e fazem. Por tudo isso, Nanã é Nanã. O encontro humano-divino se dá pelo reconhecimento da sabedoria e potência de gestar e saber viver a vida, regrar a morte e fazer desse ciclo uma constante de realizações espirituais. *Sálù bá Nànã Burúku!*[4]

---

4 Em uma tradução literal: "Nos refugiaremos com Nanã da morte ruim" (Oliveira, 2012, p. 145).

Euá é o orixá feminino do Rio Euá, um curso de água que corre na Nigéria. É importante lembrar que Euá possui sua própria identidade e importância dentro do panteão. Suas cores são o rosa e o azul-claro, e suas vestes refletem essa delicadeza. Entre as oferendas que lhe agradam, estão animais como cabra e pomba, além de alimentos como milho branco, camarão, arroz e dendê. Quando dança, Euá demonstra sua força e agilidade empunhando um arpão e uma espada. Essa característica marcante a diferencia de outros orixás e reforça sua ligação com a guerra e a defesa. No Brasil, Euá é cultuada como o orixá das minas de água, representando a fonte da vida e da prosperidade. Em Cuba, ela assume um papel ainda mais fundamental, sendo considerada a mãe de Nanã, a deusa da lama primordial que representa a origem de tudo.

O colar usado por seus iniciados é composto por contas de vidro verde-escuro, simbolizando a conexão com a natureza e a força vital, porém pode ser usado o laranja também. É interessante notar como Euá é cultuada em diferentes culturas: no jeje, ela mantém seu nome original, enquanto no angola é considerada uma qualidade de Oxum, demonstrando a riqueza e a diversidade do culto aos orixás. No sincretismo religioso, Euá é associada à Nossa Senhora do Monte Serrat. Sua saudação é Rirró!

Como dito no mito reproduzido anteriormente, a mãe dos orixás é *Iemanjá*. Em terras brasileiras, tornou-se a dona dos mares e de toda água salgada, de onde surgiu a vida orgânica. Provavelmente, Iemanjá é o orixá mais conhecido no país, para fora das quatro paredes do barracão. Além disso, possui uma importância central dentro do candomblé. Iemanjá é a senhora de todos os ori, portanto, cuida de todos os seres humanos no que diz respeito ao cérebro, à mente e ao destino. Mais do que isso, Iemanjá cuida das almas, dos corações de todas as formas. Essa abordagem não pode ser confundida com a figura maternal doce e serena. Iemanjá é o próprio mar e, como ele, possui calmarias e tsunamis. Seu colo é o melhor aconchego do mundo, mas – por amor – promove qualquer coisa, por mais contundente que seja, para colocar suas filhas e seus filhos no eixo do orixá. A proteção e educação maternal de Iemanjá é o encontro humano-divino propiciado por essa poderosa iabá. Não é por menos que todos e todas do terreiro fazem questão de pedir a benção às iniciadas de Iemanjá. É como se fosse a própria mãe criadora das estrelas, nuvens e dos orixás estendendo sua valência a quem recebe a bênção. E é mesmo, tal qual recitado no mito apresentado neste capítulo.

Ao final, o mais velho de todos os deuses e todas as deusas oriundos da África. Aquele que nos prostramos ao citar o seu nome: *Oxalá*. orixá que criou os seres humanos, expressão da própria misericórdia divina. Ao mesmo tempo, não se esquece de nada que fazem a ele ou seus filhos e filhas de santo. Algo auspicioso para quem contempla a sacralidade de sua força, mas que pode se tornar um mau destino se não observa suas leis. Existem algumas dezenas de qualidades desse orixá, todas muito importantes.

Nesse momento, será evocado o Oxalá novo e guerreiro, conhecido como Oxaguiã, aquele que come inhame pilado. Como gostava muito de comer inhame, inventou o pilão para facilitar o processo de preparação e alimentação da sua comida predileta. Algo que mostra sua capacidade criadora e inventiva. Trata-se de uma qualidade que busca a perfeição, tornando inconformado com todas as coisas que não propiciam bom destino para sua comunidade, sendo a ideia de prover alimentos (espirituais e físicos) para todos e todas sua grande missão. Esse aspecto reforça o encontro humano-divino com sua sabedoria paternal, a criação, inovação e força de vontade para mudar o mundo a começar por si mesmo.

Por fim, *Oxalufã*, o Oxalá mais velho, senhor máximo da criação humana. Ele é reverenciado como o orixá da paz, sabedoria e tranquilidade. *Oxalufã* representa a maturidade e a serenidade. Como um ancião, *Oxalufã* é visto como alguém que caminha lentamente, apoiado em seu opaxorô (báculo), simbolizando a paciência e a experiência acumulada ao longo do tempo. Ele é o conselheiro que prefere a paz à guerra, resolvendo conflitos com palavras e compreensão. Representa a pureza e está frequentemente associado à cor branca, que simboliza a paz, a espiritualidade e a harmonia.

Como um líder justo, *Oxalufã* promove a equidade e a justiça, sendo um defensor dos que buscam harmonia e equilíbrio. Ele é invocado ao final do xirê para resolver desentendimentos e trazer clareza em tempos de confusão. *Oxalufã* ensina que a verdadeira força reside na paciência e na sabedoria. Ele nos lembra que o caminho para a paz é trilhado com calma, respeito e compreensão mútua, e que a idade e a experiência trazem uma visão mais ampla e equilibrada do destino.

Assim o xirê termina, e mais uma festa de candomblé ocorreu nas dependências do barracão. A alegria continua em outras atividades pós-xirê, sendo comuns as rodas de samba e outras festas que para muitos seriam "profanas", mas para quem é do santo trata-se de mais uma oportunidade de celebrar a vida com felicidade.

Como foi observado até aqui, o divino está em nós, no outro, na natureza, na história, no corpo, enfim, na vida! Nas páginas anteriores, foi descrito um pouco de cada perspectiva desta, e no xirê uma visão para cada orixá. Logo, a tarefa poderia ser a somatória de tudo o que foi escrito e sintetizar. Entretanto, somar todas as ideias não forma o conjunto do encontro humano-divino. Na lógica do axé, o todo é maior que a soma das partes. Cada filho ou filha de santo, a partir de seu orixá, entende as múltiplas realidades, as três ecologias do filósofo francês Guattari, a unidade biopsicossocial. Logo, o encontro humano-divino pode e deve ser pessoal e íntimo, tocando a alma de cada um e estabelecendo uma conexão com a sociedade e todos os espaços existentes.

Isso remete ao oriqui do início do capítulo: "Oxumarê está em nossa casa, o deus que se faz arco-íris. O deus do arco-íris é imenso e preencheu a nossa casa. Oxumarê chegou à nossa casa". Nossa casa pode ser nosso próprio espírito, o arco-íris, o conjunto de todas as cores, portanto, todos os orixás que formam o colorido do sagrado. Essa força é imensa e nos preenche completamente. O Sagrado mora em nós, afinal, o primeiro babalaô e senhor da fortuna chegou à nossa casa, ao nosso destino...

Por uma teologia pluralista e do amor

As espiritualidades que valorizam e preservam a vida e os valores fundamentais da fé cristã e do candomblé aqui trabalhados se assentam em valores ou norteadores importantíssimos, como, por exemplo, a justiça, a paz e a alteridade. A forma de reconhecer o exercício desses caminhos na prática encontra na teologia pluralista uma saída desafiadora que dialoga na diversidade em busca de espaços de algo tão propalado e tão necessário: o amor em ação.

A importância do ser humano e da integridade da criação não decorre mecanicamente da leitura da Bíblia, para os cristãos, mas encontram na Bíblia a fonte básica para o estabelecimento de suas bases essenciais. Essa referência da tradição escrita, a espiritualidade bíblica, seria o conjunto de experiências, explicitamente religiosas ou não, pessoais ou coletivas, que expressam o núcleo central da fé, marcado especialmente pelo despojamento abraâmico, pela solidariedade profética e pelo senso de doação radical visto em Jesus e em seus seguidores. Essa memória e tradição precisam estar articuladas com a vida, em seus mais variados e concretos aspectos.

O candomblé tem seus fundamentos religiosos na tradição oral. Ainda que existam excelentes livros de referência, tanto religiosos quanto acadêmicos, ou mesmo constatando o fato de muitos iniciados terem seus cadernos de fundamentos onde anotam durante toda a vida seus principais aprendizados, é na experiência rito-litúrgica que se faz o contato em primeira ordem com a tradição. Mais do que isso, é no exercício diário desses aprendizados nos diversos espaços da vida cotidiana, como núcleo familiar, trabalho, lazer, entre outros, que se tem maior precisão da espiritualidade aprendida, ou seja, o quanto de axé foi assimilado e o quanto de orixá e divino somos reflexos.

Ter a Bíblia como fonte básica da reflexão teológica cristã é um pressuposto metodológico de importância singular na teologia moderna. Somam-se a ela a história das igrejas e a história da cultura e das ciências, incluídas aí a diversidade das experiências humanas nos diferentes aspectos socioculturais, científicos e religiosos. Se todas essas dimensões oferecerem "alimento" para as experiências de deus, um quadro cada vez mais humanizador e amoroso será vislumbrado no campo religioso e humano em geral.

Ter o iniciado como "cavalo" de santo implica no exercício da ética do orixá. Uma ética que não parte do certo ou errado, do que está escrito ou não em um livro sagrado. Refere-se aqui a um movimento de amor, tão bem descrito e demonstrado por Mãe Aninha ou bell hooks, que está a serviço da comunidade maior que é o planeta Terra.

Um amor real, que não segrega famílias, que não separa pessoas. Um amor que respeita as diferenças, propicia liberdade e enseja um estilo de vida tão crítico às desigualdades no mundo quanto potente em gerar paz.

A Bíblia, quando lida como "espelho" da fé, e não como manual dogmático, coloca o holofote sobre o palco da vida humana. Se vista como um elemento espiritual, cuja dimensão simbólica está profundamente enraizada na experiência, e não como um simples prontuário histórico de conhecimento proforma, cada pessoa e cada grupo, ao adentrarem em sua leitura (ou escuta), se inserem nela, em amor. Com isso, tornamo-nos o mesmo espelho dos baluartes do texto bíblico, verdadeiros e novos Adão e Eva, novos Moisés, ainda que sem a mesma radicalidade e pujança de Jesus, para rever a vida, modificar rumos, perdoar e sermos misericordiosos. Esses elementos estão presentes, ainda que de forma ambígua e limitada, nas experiências religiosas atuais.

No mesmo passo, afinal os praticantes de candomblé e cristãos têm a condição humana como ponto comum, muitos adeptos afro-brasileiros ainda tomam de partida a religião como espaço puramente de reprodução das violências sociais, históricas e culturais. Não se trata das roças e comunidades que estão sob lutas diárias de resistência, sofrendo racismo de diversos tipos com consequências nefastas. Trata-se daqueles grupos que agem pela busca de soluções mágico-religiosas para atender aos interesses egoicos.

Nesse caso, existe um sem-fim de movimentos que os chamados clientes fazem ao recorrerem aos pais e mãe de santo que ao final do dia reforçam um estigma de que as religiões afro-brasileiras são espaços para fazer o mal ou prejudicar o próximo. Tão complicado quanto são aqueles sacerdotes ou sacerdotisas que se afastaram dos ensinamentos de seus mais velhos e reproduzem um sistema de domínio da sua comunidade criando esteiras de idolatria e fanatismo que se aproximam de seitas. A história é repleta de exemplos do que essas seitas causam aos seus prosélitos e à sociedade civil como um todo.

Um bálsamo renovador é o simbolismo constituído pela fé nos orixás. Dentro do candomblé são também inúmeros os exemplos do poder divino conciliador e que ama intensamente a vida e tudo que nela habita. Um dos exemplos mais potentes é a noção de família estendida. Se alguns adeptos distorcem essa relação de filhos e filhas de santo com os entes queridos do núcleo familiar consanguíneo, a linguagem que as comunidades aprendem com os itanifá e dos mais velhos, verdadeiramente iniciados na tradição, é o exercício do amor em todas as camadas da vida. A começar pelo autoamor e o amor por aqueles que são "osso do seu osso". Um ponto de reflexão ajuda a ilustrar o que fora dito. Se uma mãe de santo ama seus filhos de santo e os quer bem, como promover um sentimento distinto entre uma mãe e sua filha biológica?

O diálogo interfé, tal como nos propomos a realizar nestas linhas, é, portanto, um convite para unir estes dois princípios: a ética do amor e a teologia pluralista.

A ética do amor é uma tentativa de responder à problematização básica da ética, em saber como julgar uma ação correta. Ela reconhece as éticas estabelecidas no ser que norteou boa parte do pensamento grego e as éticas da consciência tão bem representadas no pensamento de Kant, Hume e contemporâneos. O amor como centro da ética também contempla as éticas da linguagem, que têm referências importantes em Nietzsche e Habermas. Ao mesmo tempo, ela procura seguir em frente buscando uma coerência entre ser, pensar, sentir e agir, propiciando o melhor de cada um a partir de si mesmo. Para saber isso, é necessário dialogar, conversar, entrar na intimidade do outro com respeito e reverência. Trata-se de uma prática simples e complexa, intensa e profunda. Assim, o diálogo interfé clama para seu êxito na esfera pública.

A teologia pluralista busca as melhores e mais variadas bases para poder lidar com as probabilidades e improbabilidades dos encontros e desencontros, com as situações que geram divergências e convergências novas, outros pontos de vista, perspectivas críticas e autocríticas para diálogo, empoderamento de grupos e de visões subalternas e formas de alteridade e de inclusão, considerados e explicitados os diferenciais de poder presentes na sociedade. Para isso, pressupomos o princípio pluralista, que é formulado a partir de lógicas de diferentes religiões, como neste livro, em que se aproximam o evangelho e o candomblé, e de alteridade, para possibilitar melhor compreensão da diversidade do quadro religioso e também das ações humanas em geral. Com o princípio pluralista, as análises tornam-se mais consistentes, uma vez que possibilitam melhor identificação do "outro", especialmente as pessoas e os grupos que são invisibilizados na sociedade.

Consideramos que, dentro de uma série de aspectos que marcam a vivência humana, está a incessante busca de superação de limites, do ir além das contingências e das ambiguidades históricas, da procura por absolutos que possam redimensionar a relatividade e a precariedade da vida, assim como se busca também o desfrutar das potencialidades, realizações e alegrias da vida nos seus mais diversos planos. Muitos denominam essa dimensão humana como espiritualidade.

As espiritualidades costumam proporcionar encontros. Em um deles, se viu florescer um diálogo e amizade entre duas pessoas de fés distintas. Um teólogo e pastor evangélico e um cientista da religião e ebomi iniciado no candomblé. Para o histórico quadro de conflitos religiosos em nosso país e, considerando as polarizações atuais e a violência sofrida pelas religiões afro-brasileiras, um encontro dessa natureza é algo para se celebrar.

A teologia do candomblé é uma iniciativa antiga no cenário acadêmico, ainda que nunca tenha tido uma guarida específica. É importante registrar como as ciências sociais foram, e ainda são, as fontes mais importantes desse saber crítico, embora suas fontes espirituais remontem às primeiras manifestações da religiosidade humana em terras africanas. Em termos de reflexão teológica em espaço acadêmico, os primeiros estudos nos moldes apresentados pela regulação brasileira datam de 2003, por meio de uma instituição afro-brasileira que acabou encerrando suas atividades formalmente no Ministério da Educação no ano de 2016.

A teologia cristã é reconhecida no Brasil há mais tempo. Ela se dá de maneira formal desde a preocupação, ainda no século XIX, com a formação dos padres e dos pastores (hoje também das pastoras). Há numerosos centros de formação, como seminários, faculdades de teologia, a maior parte delas confessionais, que articulam pessoas que desejam atuar na sociedade em diferentes áreas, além dos ministérios ordenados das igrejas cristãs. No entanto, uma

Candomblé e Cristianismo: um diálogo possível?

teologia pluralista ainda não é tão presente nas instituições. Elas estão sendo geradas nos entrelugares das culturas e nos encontros das fés. As reflexões propostas a seguir caminham nessa direção.

Em certa medida, a visão de uma espiritualidade do encontro está relacionada ao olhar crítico das teologias, que têm produzido uma saudável distinção entre fé e religião. É fato que tal relação é complexa e possui numerosas implicações, mas, no que diz respeito às nossas reflexões, é preciso afirmar que a primeira, a fé, requer uma espiritualidade que, embora seja autenticamente humana, vem de uma realidade que transcende as engrenagens históricas. Nessa perspectiva, a espiritualidade humana é recebida, acolhida. A espiritualidade, irmã da fé, é vista pelas teologias como dom divino.

Nas reflexões mais recentes, tem sido cada vez mais comum a indicação de que a fé é antropológica e que pode tornar-se religião. As experiências religiosas, historicamente, pretenderam e pretendem possibilitar respostas para essa busca, a qual inicialmente nos referimos. Na diversidade de tais experiências confluem elementos os mais diversos, desde os preponderantemente numinosos, "santos", espontâneos e indicadores de uma transcendência até aqueles marcadamente ideológicos, facilmente identificados como reprodução de filosofias ou culturas artificialmente criadas.

Há, entre os estudos de religião, uma série de análises sobre as distinções conceituais entre religião, crença, fé, espiritualidades e outras expressões similares. Em função dos limites de nossas reflexões, destacamos apenas a distinção entre as práticas religiosas mais institucionalizadas e a dimensão livre, narrativa e transcendente mais ampla, de

167

caráter antropológico, que se expressa no humano e que vai além dos aspectos formais da religião. Em ambas, a espiritualidade está presente.

Escrever este livro foi para nós, ao mesmo tempo, uma busca espiritual e uma tentativa de resposta a uma série de questões e situações com as quais temos nos deparado ao longo de nossas vidas. Ensaiamos, com certo "temor e tremor", uma teologia de inspiração pluralista, que visou, dialeticamente, realçar a experiência do sagrado nutrida e iluminada pelo diálogo, simultaneamente destacando-se em sua dimensão plural inter-religiosa. Em certo sentido, estas linhas nem são tão esclarecedoras, mas são um movimento, circular e estonteante; uma aventura; uma profusão de visões e utopias.

A base de nossas reflexões é a compreensão de que uma espiritualidade que emerge do reconhecimento do pluralismo – religioso e cultural – terá, em geral, como valor a dimensão de alteridade. Ressaltamos sempre o diálogo como afirmação da vida, com as respectivas e concretas implicações no tocante à solidariedade, à comunhão, ao conhecimento mútuo entre os grupos humanos e às iniciativas e projetos de humanização e de justiça social.

O ambiente principal de nossas reflexões é o fato de termos no Brasil e em diferentes partes do mundo um simultâneo crescimento dos fundamentalismos religiosos, marcados pela refutação da pluralidade, e um fortalecimento das propostas de abertura, diálogo, respeito, tolerância e participação conjunta de diferentes grupos religiosos em várias frentes sociais e movimentos inter-religiosos. Tal realidade, fortemente desafiadora para todas as fés, requer esforços científicos de compreensão da realidade, formas de

Candomblé e Cristianismo: um diálogo possível?

discernimento teológico, devido à complexidade do quadro sociorreligioso e à urgência de atitudes concretas de intervenção prática, pois diante de realidades plurais, em geral, exige-se posicionamentos mais nítidos. Essa tríplice demanda é um dos grandes desafios para as diferentes fés.

Estruturamos nossas reflexões sobre espiritualidade, na inspiração de diversas fontes e de testemunhos de variadas pessoas e grupos de variadas procedências e fés, procurando utilizar a expressão "encontro", pois consideramos que a experiência do encontro é fonte genuína da vivência espiritual. Consideramos que os encontros precisavam ser vislumbrados na busca de uma espiritualidade autêntica, saudável e promotora da vontade sagrada e divina no mundo. São encontros que nós, de maneiras muito variadas, tivemos e temos tido em nossas trajetórias de vida. São marcas profundas de algo que temos, ainda que de forma fragmentada, mas que ansiamos intensamente: (i) defrontar-se com a concretude da vida e com a força da fé, (ii) com o outro que nos é diferente, (iii) o encontro do ser humano consigo mesmo, (iv) com a natureza e com a história, (v) o encontro com o corpo e (vi) o encontro humano-divino em sua multiplicidade.

O primeiro encontro que descrevemos foi o com a vida e com a fé. Nele visualizamos as bases das distintas fés, seus mitos, textos e suas narrativas sagradas, e realçamos a difícil, e paradoxalmente natural, relação entre racionalidade e espiritualidade. Destacamos também o valor da comunidade, as tensões entre libertação e gratuidade e a importância do repensar crítico das bases filosóficas que alimentam a vida, a fé e a recriação das linguagens para o fluir de espiritualidades mais profundas e autênticas.

O segundo momento foi o encontro com o outro. Com ele, procuramos refletir mais profundamente sobre a alteridade como uma abertura fundamental para o outro, mas considerando efetivamente os diferenciais de poder que marcam as relações sociais e políticas. Apresentamos a noção de alteridade e a importância da comunidade, com forte sintonia com os estudos antropológicos, incluindo os desafios da prática da comunhão, das consequências concretas do amor divino para a vida humana, para a história e para os destinos da natureza e de toda a criação. A experiência comunitária e relacional própria das distintas tradições religiosas, uma vez percebida e assumida como valor, possibilita relacionamentos igualitários nas comunidades e em demais agrupamentos humanos, o que gera uma ambientação favorável para o diálogo, em todas as suas dimensões, embora não isenta de tensões.

Em seguida, foi o encontro do ser humano consigo mesmo. Nesse momento, se dão as experiências religiosas e espirituais, marcadas pela pluralidade e pela revisão de vida, pelo reconhecimento da fragilidade humana em suas diversas formas, assim como de suas potencialidades, e pela expressão positiva e humanizadora da dimensão corpórea e da sexualidade.

O quarto encontro foi do ser humano com a natureza e com a história. Esse encontro possibilitou questionar as formas de individualismo, de desprezo da cosmologia e das visões holísticas, o esvaziamento espiritual e de sentido das questões que envolvem a vida e as formas utilitaristas de conhecimento técnico-científico. Em contraposição a esses reducionismos, procuramos ter apresentado uma ecoespiritualidade que realce relações de interdependência e de cooperação vital, propostas de respeito à integridade humana, à formação pessoal e à totalidade dos processos vitais. O quinto momento foi o encontro com o corpo. De fundamental importância nas experiências religiosas afro--brasileiras, mas muitas vezes desprezado por boa parte das tradições cristãs, o corpo, que mobiliza e articula as expressões de espiritualidade e a vida como um todo, é lugar de encontros e desencontros. O encontro com o corpo e a corporeidade é revelador de espiritualidades profundas e autênticas, sobretudo se expressas na valorização dessas dimensões como elementos que dignificam e redimensionam a vida e a fé.

Por fim, indicamos que a experiência do encontro humano-divino, emoldurada em uma espiritualidade que emerge do pluralismo – religioso e cultural –, tem como valor a dimensão mística, de alteridade e de corresponsabilidade com o destino do mundo, e isso possui incidência concreta nos processos religiosos e sociais, favorecendo perspectivas utópicas, democráticas e doadoras de sentido. Viva o diálogo!

Diante do exposto, fica aqui o nosso convite para um genuíno diálogo interfé, primando pelas experiências diversas, com respeito ao próximo, à dignidade humana e buscando um bem comum e cada vez mais compartilhado na fé. Foi esse um dos ensinamentos de Cristo, e é isso que certamente Oxalá nos convida. Que assim seja, com muito axé!

Referências

ABIMBOLA, Wande. *Ifá Will Mend our Broken World:* Thoughts on Yoruba Religion and Culture in Africa and the Diaspora. Roxbury: AIM Books, 1997.

ABRAHAM, Roy Clive. *Dictionary of Modern Yoruba.* Londres: Hodder and Stoughton, 1962.

ALVES, Rubem. *Variações entre a vida e a morte.* São Paulo: Paulinas, 1982.

BARROS, Elizabete Umbelino de. *Línguas e linguagens nos candomblés de nação angola.* 2007. Tese (Doutorado em Letras) – Universidade de São Paulo, São Paulo, 2007.

BASTIDE, Roger. *O candomblé da Bahia.* São Paulo: Companhia das Letras, 2001.

BATISTA, Gustavo Henrique; REIS, Marcelo Rodrigues; BRITO, Marcelo G. C. Narrativas míticas do povo iorubá: a tradição dos Itan-Ifá na África e no Brasil. *Anais do Congresso de Ensino, Pesquisa e Extensão da UEG,* v. 4, 2018. Disponível em: https://www.anais.ueg.br/index.php/cepe/article/view/10395. Acesso em: 7 jan. 2025.

BINGEMER, Maria Clara Lucchetti (org.). *Violência e religião:* Cristianismo, Islamismo, Judaísmo – três religiões em confronto e diálogo. São Paulo: Loyola; PUC-Rio, 2001.

BINGEMER, Maria Clara Lucchetti. *A argila e o Espírito:* ensaios sobre ética, mística e poética. Rio de Janeiro: Garamond, 2004.

BINGEMER, Maria Clara Lucchetti. A pneumatologia como possibilidade de diálogo e missão universais. *In:* TEIXEIRA, Faustino (org.). *Diálogo de pássaros:* nos caminhos do diálogo inter-religioso. São Paulo: Paulinas, 1993. p. 111-121.

BINGEMER, Maria Clara Lucchetti. A sedução das seitas. *Jornal do Brasil,* 24 jun. 1990.

BINGEMER, Maria Clara Lucchetti. Faces e interfaces da sacralidade em um mundo secularizado. *In:* LIMA, Degislando; TRUDEL, Jacques (org.). *Teologia em diálogo.* São Paulo: Paulinas, 2002. p. 285-332.

BINGEMER, Maria Clara Lucchetti. *O mistério e o mundo.* Rio de Janeiro: Rocco, 2013.

BINGEMER, Maria Clara Lucchetti; FELLER, Vitor Galdino. *Deus-amor:* a graça que habita em nós. São Paulo: Paulinas; Valencia: Siquem, 2003.

BITENCOURT, Mario. Mãe de santo acusa pastor de racismo, intolerância religiosa e LGBTQfobia na Bahia. *Correio,* 3 jul. 2019. Disponível em: https://www.correio24horas.com.br/bahia/mae-de-santo-acusa-pastor-de-racismo-intolerancia-religiosa-e-lgbtqfobiana-bahia-0719. Acesso em: 7 jan. 2025.

BOFF, Leonardo. *A Santíssima Trindade é a melhor comunidade.* Petrópolis, RJ: Vozes, 1988.

BOFF, Leonardo. *A Trindade, a sociedade e a libertação.* Petrópolis, RJ: Vozes, 1986.

BOFF, Leonardo. *As 4 ecologias:* ambiental, política e social, mental e integral. Rio de Janeiro: Mar de Ideias, 2012.

BOFF, Leonardo. *Ecologia, mundialização e espiritualidade:* a emergência de um novo paradigma. Rio de Janeiro: Ática, 1993.

BOFF, Leonardo. *Opção Terra.* São Paulo: Record, 2009.

BOFF, Leonardo; HATHAWAY, Mark. *O Tao da libertação:* explorando a ecologia da transformação. Petrópolis, RJ: Vozes, 2012.

BRAGA, Júlio Santana. Nação Queto. *In:* BACELAR, Jeferson (org.). *II Encontro de Nações de candomblé.* Salvador: Centro de Estudos Afro-Orientais da UFBA, 1997. p. 21-42

BRETON, André. *Manifesto do Surrealismo.* 1924. Disponível em: https://www.colegiodearquitetos.com.br/wp-content/uploads/2017/03/Manifesto-de--breton.pdf. Acesso em: 7 jan. 2025.

BRITO, Kelli Correa. Leonardo Boff convida todos a mudar pela Terra. *Educando em Mogi,* n. 61, ano XI, p. 24-25, 2012. Disponível em: https://portal.sme--mogidascruzes.sp.gov.br/storage/uploads/revistas/educando_em_mogi_061.pdf. Acesso em: 7 jan. 2025.

BUBER, Martin. *Sobre comunidade.* São Paulo: Perspectiva, 1987.

CARNEIRO, João Luiz. *Amor como extensão da ética.* Itanhaém: Arché Editora, 2022.

CARNEIRO, João Luiz. *Orixás nas Umbandas.* São Paulo: Fonte Editorial, 2017.

CARVALHO, Jehová de. Nação Jeje. *In:* LIMA, Vivaldo da Costa; RÉGIS, Olga Francisca; SANTANA, Esmeraldo E. *et al. Encontro de Nações de candomblé.* Salvador: Centro de Estudos Afro-Orientais da UFBA, 1984. p. 49-58.

CORTINA, Adela. *Aporofobia, el rechazo al pobre:* Un desafío para la democracia. Buenos Aires: Paidós, 2017.

COSSARD, Gisèle Omindarewá. *Awò:* o mistério dos orixás. Rio de Janeiro: Pallas, 2014.

GEBARA, Ivone. *Mulheres, religião e poder:* ensaios feministas. São Paulo: Edições Terceira Via, 2017.

GEBARA, Ivone. *Teologia ecofeminista:* ensaio para repensar o conhecimento e a religião. São Paulo: Olho d'Água, 1997.

GEBARA, Ivone. *Vulnerabilidade, justiça e feminismos.* São Bernardo do Campo, SP: Nhaduti Editora, 2010.

GLEISER, Marcelo. *O fim da Terra e do Céu:* o apocalipse na ciência e na religião. São Paulo: Companhia das Letras, 2001.

GUATTARI, Félix. *As três ecologias.* Rio de Janeiro: Papirus Editora, 2012.

HOLANDA, Adriano. Saúde e doença em Gestalt-Terapia: aspectos filosóficos. *Estudos de Psicologia,* v. 15, n. 2, p. 29-44, 1998. Doi: https://doi.org/10.1590/S0103-166X1998000200002.

IDÍGORAS, J. L. *Vocabulário teológico para a América Latina.* São Paulo: Paulinas, 1983.

INSTITUTO BRASILEIRO DE GEOGRAFIA E ESTATÍSTICA (IBGE). *Censo Demográfico 2022.* Disponível em: https://www.ibge.gov.br/estatisticas/sociais/trabalho/22827-censo-demografico-2022.html. Acesso em: 7 jan. 2025.

JORGE, Érica. *Eu, Ìyáwo.* Itanhaém, SP: Aláfia, 2018.

LE GOFF, Jacques. *História e memória.* Campinas, SP: Unicamp, 1992.

LÉVINAS, Emmanuel. *De Deus que vem à ideia.* Petrópolis, RJ: Vozes, 2002.

MBEMBE, Achille. *Necropolítica:* biopoder, soberania, estado de exceção, política da morte. São Paulo: N1-Edições, 2018.

MELLO, Igor. "Traficantes de Jesus": polícia e MPF miram intolerância religiosa do Rio. *Uol,* 15 jun. 2019. Disponível em: https://noticias.uol.com.br/cotidiano/ultimas-noticias/2019/06/15/traficantes-de-jesus-policia-e-mpf-miram-intolerancia-religiosa-no-rio.htm. Acesso em: 7 jan. 2025.

MOLTMANN, Jürgen. *Deus na criação:* doutrina ecológica da criação. Petrópolis, RJ: Vozes, 1992.

MOLTMANN, Jürgen. *O Espírito da vida:* uma pneumatologia integral. Petrópolis, RJ: Vozes, 1998.

MOLTMANN, Jürgen. *Teologia da esperança.* São Paulo: Editora Teológica, 2003.

MURARO, Rose Marie; BOFF, Leonardo. *Feminino e masculino:* uma nova consciência para o encontro das diferenças. Rio de Janeiro: Sextante, 2002.

OLIVEIRA, Altair B. *Cantando para os orixás.* Rio de Janeiro: Pallas, 2012.

PELLEGRINO, Hélio. *A burrice do demônio.* Rio de Janeiro: Rocco, 1989.

PRANDI, Reginaldo. Axé, corpo e almas: concepção de saúde e doença segundo o candomblé. *In:* BLOISE, Paulo (org.). *Saúde integral:* a medicina do corpo, da mente e o papel da espiritualidade. São Paulo: Senac, 2011. p. 277-294.

PRANDI, Reginaldo. Conceitos de vida e morte no ritual do axexê: tradição e tendências recentes do candomblé. *In:* MARTINS, Cléo; LODY, Raul (org.). *Faraimará:* o caçador traz alegria. Rio de Janeiro: Pallas, 1999. p. 174-184.

PRANDI, Reginaldo. *Mitologia dos orixás.* São Paulo: Companhia das Letras, 2001.

PRANDI, Reginaldo. *Os candomblés de São Paulo:* a velha magia na metrópole nova. São Paulo: Hucitec: Edusp, 1991.

REDIKER, Marcus. *O navio negreiro:* uma história humana. São Paulo: Companhia das Letras, 2011.

SANTOS, Juana Elbein dos. *Nàgô e a morte:* Pàde, Àsèsè e o culto Égun na Bahia. Petrópolis, RJ: Vozes, 2002.

SCHWANTES, Milton. *Projetos de esperança:* meditações sobre Gênesis 1-11. Petrópolis, RJ: Vozes; CEDI, 1989.

UM MARCO para uma sociedade justa, pacífica e sustentável – Carta da Terra. *Educando em Mogi,* n. 61, ano XI, p. 6-11, 2012. Disponível em: https://portal.sme-mogidascruzes.sp.gov.br/storage/uploads/revistas/educando_em_mogi_061.pdf. Acesso em: 7 jan. 2025.

VALLADO, Armando. Iemanjá, a grande mãe africana do Brasil. Rio de Janeiro: Pallas Editora, 2002

VALLADO, Armando. Iemanjá: mãe dos peixes, dos deuses, dos seres humanos. Rio de Janeiro: Pallas Editora, 2020

VERGER, Pierre. *Notas sobre o culto aso orixás e Voduns:* na Bahia de Todos os Santos, no Brasil e na Antiga Costa dos Escravos, na África. São Paulo: Edusp, 2012.

WARD, Keith. *Deus:* um guia para os perplexos. Rio de Janeiro: DIFEL, 2009.